Schweppe/Schwarz

Tao und Unsterblichkeit

Ronald Schweppe/Aljoscha Schwarz

Tao und Unsterblichkeit

Übungen zur Steigerung von Gesundheit und Lebensfreude

IRISIANA

IRISIANA
Eine Buchreihe herausgegeben von
Margit und Ruediger Dahlke

Die Deutsche Bibliothek – CIP-Einheitsaufnahme
Schweppe, Ronald P.:
Tao und Unsterblichkeit : Übungen zur Steigerung von
Gesundheit und Lebensfreude / Ronald Schweppe ; Aljoscha
Schwarz. – München : Hugendubel, 1998
(Irisiana)
ISBN 3-89631-199-9

Umschlaggestaltung: Zembsch' Werkstatt, München, unter
Verwendung eines Motivs von Toyo und Petra Kobayashi
Zeichnungen: Birgit Werner, Baldham
Kalligraphien: Xin Zhen Kong, Shanghai
Produktion: Tillmann Roeder, München
Satz: SatzTeam Berger, Ellenberg
Druck und Bindung: Spiegel Buch, Ulm-Jungingen
Printed in Germany

ISBN 3-89631-199-9

Inhalt

Vorwort 9

Vom Fließen des Wassers 13

Der Weise vom Berg 14
Dem Tao folgen 16
Werden wie das Wasser 17
Wu-Wei – Das aktive Nicht-Tun 20
In Harmonie mit dem Tao 22

Das Wesen der Unsterblichkeit 25
Die vielen Gesichter der Unsterblichkeit 25
Die Unsterblichkeit der Energie 27
Die Unsterblichkeit der Seele und des Geistes 29
Die körperliche Unsterblichkeit 30
Die Ruhe im Wandel 35

Der dreifache Weg 38
Die Suche nach Vollkommenheit 38
Die Vollkommenheit des Geistes 41
Die Vollkommenheit der Energie 44
Die Vollkommenheit der Gesundheit 47
Die drei Wege zu einem machen 50

Die Übungen 51

Die Drei Energien 53
Das Wesen der Energie 54
Ching – die Essenz 55
Shen – die lenkende Kraft 58
Ch'i – der kosmische Atem 60
Die Energien vereinigen 63

Vom Nutzen der Enthaltsamkeit 65
Die sexuelle Alchemie 65

Die Ching-Energie bewahren 68
Das Umwandeln der Essenz 72
Die Macht der Liebe 76

Die Drei Gefäße 78
Der Kreislauf der Energie 78
Jen mo – Das Dienergefäß 80
Tu mo – Das Lenkergefäß 83
Ch'ung mo – Das Zentralgefäß 86

Die Drei Elixierfelder 89
Der Palast am Grunde des Tales 91
Der karmesinrote Palast des Herzens 94
Der Palast des Jadekaisers 96
Der Schmelztiegel der Energie 99

Die Bewegungen der Fünf Tiere 100
Der Tiger 104
Der Tiger schleicht durch den Wald 105
Der Tiger spannt sich zum Sprung 107
Der Tiger schlägt mit den Pranken 108

Der Hirsch 110
Der Hirsch schreitet durch das hohe Gras 110
Der Hirsch stößt mit dem Geweih 112
Der Hirsch hebt den Kopf 113

Der Bär 115
Der Bär schreitet durch den Fluß 115
Der Bär droht den Wölfen 117
Der Bär umklammert einen Baum 118

Der Kranich 120
Der Kranich steht auf einem Bein *120*
Der Kranich fängt Fische 121
Der Flug des Kranichs 123

Der Affe 124
Der Affe steigt auf den Baum 124
Der Affe blickt aufmerksam um sich 126
Der Affe streicht sein Fell 127

Das Geheimnis taoistischer Meditation 129
Voraussetzungen für die Meditation 131
Meditationshaltungen 133
Die Taoistische Meditation 137
Empfindungen und Probleme während der Meditation 140
Ziele der Meditation 142

Ernährung nach der Lehre der Fünf Elemente 144
Die Lehre der Fünf Elemente 145
Taoistische Ratschläge für eine harmonische Ernährung 148
Zusätzliche Hinweise für die Zivilisation unserer Zeit 149
Moderne Lebenselixiere 151

Die Stufen der Unsterblichkeit 155
Die ersten Schritte 157
Der Eiserne Körper 158
Der Goldene Körper 161
Der Diamantene Körper 164
Unsterblichkeit und Ewigkeit 165

Übungsplan 169
Glossar 174
Literatur 175

Vorwort

幸
福

Wird ein Wesen hart, so wird es alt werden.
Dies jedoch ist nicht die Art des Tao.
Die Wurzeln senken und den Stamm stärken,
das ist der Weg ewigen Lebens.
LAO TSE

Als vor über 2000 Jahren im alten China der Weise *Lao Tse* diese geheimnisvollen Zeilen im *Tao te King* schrieb, war der sagenhafte »Gelbe Kaiser«, dem ein Teil des *Tao te King* zugeschrieben wird, bereits seit 3000 Jahren Legende. Aber schon seit der Regierungszeit dieses mythischen ersten Kaisers wurden geheime Übungen und Praktiken von Meister zu Schüler weitergegeben; Techniken, die eine vollkommene Gesundheit bewirken und das Leben verlängern sollten. Einsiedler und Gelehrte dieser Zeit versuchten zu diesem Zweck die Geheimnisse der Natur zu ergründen und diese Geheimnisse für sich nutzbar zu machen. Ihr erklärtes Ziel war – die Unsterblichkeit.

Der Traum von der Unsterblichkeit ließ die Menschen fortan nicht mehr los. Die Gesetze der Erde und des Himmels wurden erkundet, die Kräfte des Geistes und des Atems erforscht, Übungen erdacht und Kräuterpillen gedreht. Und dann glaubten die alten Taoisten einen Weg gefunden zu haben, diesen Traum zu verwirklichen: Wenn man dem Tao, dem Weg der Natur, widerstandslos folgt und dem Wirken der Ereignisse kein Gegenwirken entgegensetzt, gelänge es, im Weltenstrom beliebig lange mitzufließen.

Es war so einfach und doch so schwer! Ein Handeln im Einklang mit der Natur, ein Handeln ohne Anstrengung, ein aktives Nicht-Handeln – *wu-wei* –, das alle Energien und Kräfte harmonisch vereint und so das unmöglich Scheinende möglich, ja selbstverständlich werden läßt – darin liegt das Geheimnis der Unsterblichkeit. Durch genaues, bewußtes und einfühlendes Betrachten des Naturgeschehens, durch das Sich-Versenken ins Tao, erreichten die alten Weisen vollkommene Gesundheit, strahlende Heiterkeit und Geistesruhe – ohne Bemühung. Im Laufe der Jahrhunderte entwickelten ihre Schüler Übungen und Methoden, die die geistigen, körperlichen und seelischen Energien stärken und den Weg zum Erfassen des Tao erleichtern sollten. Nicht zuletzt dienten diese auch dazu, »Unsterblichkeit« zu erlangen.

Heute interessieren sich viele Menschen im Westen für die alten östlichen Weisheiten, Religionen und Gesundheitslehren. Insbesondere die taoistischen Übungen, die unter der Bezeichnung *Ch'i Kung* (Qi Gong) bekannt geworden sind, finden bei uns immer mehr begeisterte Anhänger. Aber auch die Lehre von den *Fünf Elementen*, die Philosophie des *Yin und Yang*, die Kunst des Wohnens *Feng Shui*, die Kampfkunst und Bewegungsmeditation *T'ai Ch'uan* oder die Lehre von den *Meridianen*, den Energiebahnen, auf der die Akupunktur der chinesischen Medizin beruht, sind heute vielen Menschen im Westen vertraut.

In diesem Buch wollen wir eine »Landkarte« der Wege zur körperlichen Unsterblichkeit mit einigen wenigen Tuschestrichen zeichnen. Wir werden die geheimnisvollen Techniken der alten Taoisten beleuchten und versuchen, das *Tao Hsien* (Tao der Unsterblichkeit), dem die alten Meister vor über 2000 Jahren folgten, aus dem Dunkel der altchinesischen Mystik zu heben.

Die physische Unsterblichkeit ist nicht nur eine alte, sondern eine ebenso in der modernen Zeit präsente Wunschvorstellung. In den letzten Jahrzehnten hat die westliche Wissenschaft neue Pfade eingeschlagen, die von dem, was die taoistischen Alchemisten lehrten, nicht mehr allzuweit entfernt liegen: Erklärtes Ziel ist die Unsterblichkeit zu erreichen, oder zumindest die biologischen Grenzen der menschlichen Lebenserwartung auszuloten. Auf diesem Weg ist heute Erstaunliches geleistet worden. In den USA nutzen einige Exzentriker die *Kryonik*, die Möglichkeit sich »einfrieren« zu lassen, um in einigen hundert Jahren wieder »aufgetaut« und erneut zum Leben erweckt zu werden. Nun verlängert diese Technologie zwar das Leben nicht wirklich; doch sie gründet auf der berechtigten Hoffnung, daß in nicht allzu ferner Zukunft die Heilung heute noch unheilbarer Krankheiten möglich sein wird. Es gibt jedoch bereits heute Methoden, die die Spanne unseres Lebens verlängern; Methoden, die über die begrenzten rein technisch-medizinischen Vorstellungen hinausgehen. Es sollte uns schon zu denken geben, wenn der zweifache Nobelpreisträger Linus Pauling nach umfangreichen Forschungen zu dem Schluß kommt, daß mit Hilfe einer *orthomolekularen Ernährung* und einer Versorgung mit *Vitaminen* im richtigen Verhältnis zueinander die Untergrenze der menschlichen Lebenserwartung bei mindestens 120 Jahren läge! Auch die Bedeutung einer verstärkten Versorgung unserer Zellen mit *Sauerstoff* wurde erkannt und dient in der Sauerstofftherapie nicht nur der Stabilisierung der Gesundheit und des Immunsystems, sondern ebenfalls der Verlängerung des Lebens. Während diese Methoden materiell sind, beruht einer der neuesten Zweige der westlichen Medizin – die *Psychoneuroimmunologie* – auf den unvorstellbaren Kräften unseres Geistes, unseres Unterbewußtseins und, wenn man so will, unserer Seele.

Warum aber ist der Wissenschaft bis heute nicht gelungen, was die chinesischen Weisen schon vor Tausenden von Jahren erreichten?

Es fehlte eben ein Baustein im Mosaik: die ganzheitliche Betrachtung aller Aspekte der menschlichen Natur und ihrer wechselseitigen Beziehungen. Doch selbst in diesem Bereich macht »unsere« Wissenschaft Fortschritte; einer der jüngsten Zweige der wissenschaftlichen Forschung, der die Chaostheorie hervorgebracht hat, beginnt allmählich, die Zusammenhänge theoretisch zu verstehen. Doch was die praktische Anwendung ganzheitlicher Methoden und Erkenntnisse betrifft, hat die naturgemäße, den ganzen Menschen in seiner Umwelt berücksichtigende Sichtweise des Taoismus immer noch einen gewaltigen Vorsprung.

In diesem Buch geht es weniger um die Theorie, als um die Praxis. Nicht theoretisch wollen wir unser Leben ganz leben, sondern *tatsächlich*!

Wir werden anschaulich und vor allem nachvollziehbar erklären, *wie* die Taoisten das Ziel der körperlichen Unsterblichkeit erreichten und dabei auch konkrete Übungen und Techniken vorstellen, die es jedem ermöglichen, diesem Ziel näherzukommen.

Die »Unsterblichkeit« ist natürlich ein hohes Ziel, das sicherlich auch Anlaß zu Zweifeln und Skepsis gibt. Doch der Übende muß sich nicht an dieses ferne Ziel klammern – schon lange vor dem Erreichen des sogenannten unsterblichen »Diamantenen Körpers«, dem Ergebnis intensiver und langjähriger Übung, machen sich die positiven Kräfte des *Tao Hsien* bemerkbar. Die geistig-seelisch-körperliche Energie wird erhöht, chronische und sogar lebensbedrohende Krankheiten (wie Krebs) können spontan heilen und die Lebensfreude erreicht bisher ungekannte Dimensionen.

All das wird erreicht, indem wir dem Tao anstrengungslos folgen. Tatsächlich ist das Fehlen von Bemühung, das Anstrengungslose, der wichtigste Aspekt des *Tao Hsien*; so konnten auch die alten Meister ihren Schülern sagen: »Das Schwierige ist die Einfachheit«, wenn von den taoistischen Übungen die Rede war. Diesem Weg der Einfachheit wollen wir in diesem Buch folgen.

»Das Tao der Unsterblichkeit« kennt viele Wege: Meditation, äußere und innere Übung, Reinigung des Körpers und des Geistes und eine förderliche Ernährung. Sie alle folgen dem Tao, den Wirkungszusammenhängen der Natur. Und so wollen auch wir dem Tao folgen: Statt strenger Vorschriften und Regeln wird uns das Tao selbst, in Form unserer Intuition, leiten – auf den Weg zur Unsterblichkeit.

Denn der Weg ist das Ziel.

Vom Fließen des Wassers

水

Der Weise vom Berg

Auf dem Berge Mao lebte zu Zeiten des Kaisers Yu Chu ein Einsiedler, von dem die Menschen sagten, er habe die Unsterblichkeit erreicht. Obwohl schon die Alten ihren Kindern über den Weisen vom Berg erzählt hatten, erschien er immer noch beinahe wie ein Jüngling. Mitunter suchten die Bewohner der nahe gelegenen Dörfer Rat bei Hung T'ao, dem Weisen vom Berg, und erhielten ihn auch. Man sagte, er verstände die Wege des Himmels und der Erde und lebe schon seit tausend Jahren – was natürlich eine Übertreibung war. Nach und nach verbreitete sich sein Ruf im Lande, bis die Kunde von dem unsterblichen Weisen vom Berg schließlich sogar an den kaiserlichen Hof, bis an des Kaisers Ohr drang.

Nun war der Kaiser nicht mehr der Jüngste und beschäftigte eine große Anzahl von Ärzten und Alchemisten, die mit medizinischen und magischen Methoden sein Leben verlängern und ihn möglicherweise sogar unsterblich machen sollten. Allmählich wurde dem Kaiser Yu Chu allerdings klar, daß die Pillendreher und Zauberer mit ihren übelriechenden Elixieren und Tinkturen seinem Leben wohl eher ein vorzeitiges Ende bereiten würden, als es zu verlängern. Als er daher nun von dem Unsterblichen hörte, war er sogleich begierig, dessen Geheimnis zu erfahren und schickte seine Höflinge aus, um den Weisen an den kaiserlichen Hof zu holen. Doch sie kamen unverrichteter

Dinge zurück, – nur einmal hatten sie den Meister aus der Ferne gesehen. Der Kaiser wurde ärgerlich, doch das half ihm wenig und so geschah das Unerhörte: Er machte sich selbst auf den Weg.

Und tatsächlich traf er schon am ersten Tag seiner Wanderung auf den Einsiedler. Zwar waren graue Strähnen in seinem Haar, doch seine Haut war glatt und faltenlos und sein Schritt war federnd und jugendlich. Mit einem leichten Lächeln auf den Lippen trat er dem Kaiser gegenüber und verbeugte sich, wie es die Höflichkeit gebot.

Der Kaiser kam ohne lange Umschweife zur Sache und bat ungewöhnlich höflich (für einen Kaiser) um das geheimnisvolle Unsterblichkeitselixier. Doch der Weise lächelte nur, schüttelte den Kopf und meinte, daß dies leider nicht möglich sei. Kaiser Yo Chu runzelte die Stirn, denn er war es nicht gewohnt, daß man ihm widersprach und so wurde er ärgerlich und befahl nun, daß ihm unverzüglich das Elixier übergeben werde.

Hung T'ao jedoch lächelte nur und sprach: »Geringen Nutzen hättet Ihr von Zaubertränken und goldenen Pillen. Werdet wie das Wasser: es fließt zu seinem Ziel, ohne Anstrengung. Stellt sich ihm ein Hindernis in den Weg, so vermag es nicht, dem Wasser Einhalt zu gebieten und nicht der geschickteste Schwertmeister Chinas vermag das Wasser zu verletzen. Diese Stärke hat das Wasser, weil es dem Tao vollkommen folgt. Werdet wie das Wasser und Ihr werdet Euer Ziel erreichen.«

Da schwieg der Kaiser, verneigte sich vor dem Alten und blieb zwei Jahre als Schüler bei ihm. Er erlangte zwar nicht die Unsterblichkeit, doch er wurde hundertfünfzig Jahre alt und soll nach seinem Aufenthalt bei dem Weisen ein gerechter Herrscher geworden sein, der viel Gutes für das Volk bewirkte.

Für uns klingt eine solche Geschichte wahrscheinlich ziemlich geheimnisvoll und wenig bedeutsam. Doch wenn wir uns einmal genauer ansehen, welche Bedeutung hinter der Erzählung steht, kommen wir den Gedanken der alten taoistischen Meister, die das Geheimnis der Unsterblichkeit kannten, schon ein ganzes Stück näher. Wichtig ist vor allem, was der »Weise vom Berg« dem Kaiser antwortete.

Zunächst einmal kann Hung T'ao dem Kaiser das Unsterblichkeitselixier nicht geben. Es wird nicht ausgesprochen, aber der Grund dafür, daß der Weise dem Kaiser das Elixier vorenthält, wird schnell klar: Es gibt kein solches Unsterblichkeitselixier!

Der Glaube, man könne dadurch, daß man irgendwelche Pillen und Zaubertränke einnimmt, die Unsterblichkeit (oder auch nur vollkommene Gesundheit) erreichen, ist ein Aberglaube – der ja auch heute bei uns ziemlich verbreitet ist. Auch wir erwarten von Ärzten und anderen Heilkundigen oft, daß sie uns »reparieren«, daß sie uns Pillen und moderne »Zaubertränke« verabreichen, die unsere Gesundheit und unser Wohlbefinden wiederherstellen sollen. Kurzfristig scheint das mitunter sogar zu funktionieren – und ist ab und zu auch sinnvoll –, doch das Gleichgewicht, das wirkliche Gesundheit bedeutet, kann nur von innen heraus wiederhergestellt werden; wir selbst müssen ins Gleichgewicht kommen!

So können uns Medikamente beispielsweise Schmerzen nehmen oder Krankheitserregern das Leben schwerer machen. Damit können sie unter Umständen die Grundlage für eine Heilung der Ursachen einer Krankheit schaffen. Doch die Medikamente *heilen* uns nicht. Jemand, der an Kopfschmerzen leidet, wird vielleicht durch Tabletten seine Kopfschmerzen erst einmal los. Doch die Verspannungen, die zu seinen Kopfschmerzen geführt haben, bleiben ihm – und natürlich erst recht die Gründe, die die Verspannungen auslösten!

Das Geheimnis der vollkommenen Gesundheit und der Unsterblichkeit ist also nichts, was man einfach nur schluckt; das Geheimnis liegt in uns und unserer Natur. (Wie wir später noch sehen werden, ist das nicht die ganze Wahrheit: *auch* das Äußere, das wir in uns aufnehmen – wie die Nahrung –, ist ein Teil des Weges zur Unsterblichkeit. Aber *nur* mit Mitteln von außen können wir *innen* nicht vollkommen werden.)

Wenn also der Kaiser verlangt, daß ihm der Meister einen Unsterblichkeitstrank übergibt, so verlangt er Unmögliches. Doch der Kaiser dringt weiter auf den Weisen ein und gibt sich nicht damit zufrieden. Da wird Hung T'ao deutlicher und sagt dem Kaiser, wie er die Unsterblichkeit erlangen kann: Indem er »wie das Wasser«

wird. Hung T'ao meint damit, daß die Unsterblichkeit (nach der der Kaiser ja so dringend verlangt) nur erreicht werden kann, indem man bestimmte Eigenschaften erwirbt, Eigenschaften, die das Wasser aufweist.

Das Wasser verdeutlicht tatsächlich das, was die Taoisten lehrten. Schon im *Tao te King* heißt es: »Das höchste Gut gleicht dem Wasser. Nichts ist so schwach und weich, wie das Wasser – und doch besiegt es das Feste und Starke.«

Wer will bestreiten, daß dies so ist? Steine werden vom Wasser zu Sand zermahlen, Schluchten werden aus dem Gebirge gewaschen, in Wasserkraftwerken und Mühlen treibt das Wasser schwere Maschinen an, ohne dabei auch nur das geringste von seinem Wesen einzubüßen, ohne den kleinsten Schaden dabei zu nehmen – und ohne die geringste Mühe.

Werden wie das Wasser

Was heißt es aber nun, »wie das Wasser« zu werden? Wie können wir »so schwach und so weich« werden und gerade dadurch »das Feste und Starke« überwinden?

Tatsächlich können wir dieses Ideal auf allen Ebenen – körperlich, geistig und seelisch – verwirklichen. Auf jeder Ebene können wir dadurch, daß wir wie das Wasser weich und hart zugleich sind, unsere Kräfte am besten entfalten; weil wir damit auch unserer Natur folgen.

In den »weichen« Kampfkünsten (wie T'ai Chi Ch'uan, Aikido oder Judo) ist das Prinzip des Wassers von zentraler Bedeutung, während die »harten« Kampfkünste (wie Karate, Kung Fu oder Boxen) auf überlegene Kraft und Schnelligkeit setzen, wobei die Schüler lernen, ihren Körper abzuhärten, so daß er harte Schläge aushalten kann. In der »weichen« Schule werden Schläge nicht mit dem Körper aufgefangen, sondern durch Kreisbewegungen, Ausweichen oder Ablenken neutralisiert – eben so, wie es uns das Wasser zeigt. Die Bewegungen beruhen nicht auf Kraft und Schnelligkeit, sondern auf Anpassungsfähigkeit und Nachgiebigkeit, und die größten Meister der weichen Kampfkünste sind diejenigen, die sich in der Kunst am längsten geübt haben. Man findet unter diesen häufig alte Menschen mit einer ungewöhnlichen Ausstrahlung und

Beweglichkeit – der Begründer des modernen Aikido, Morihei Ueshiba, stand noch im Alter von 80 Jahren auf der Matte und konnte von keinem anderen Kämpfer besiegt werden. Dergleichen ist bei Meistern der harten Kampfkünste seltener, denn die harten Techniken belasten Gelenke, Knochen und Muskeln, so daß im Laufe der Zeit Abnutzungserscheinungen auftreten und Kraft und Schnelligkeit nachlassen.

Da wahrscheinlich nur wenige mit den asiatischen Kampfkünsten vertraut sein dürften, wollen wir kurz erklären, wie sich diese Prinzipien auch im »ganz normalen Alltag« auswirken können.

Nehmen wir einen ganz alltäglichen, ja fast schon banalen Vorgang: Wenn wir uns im »Dschungel der Großstadt« bewegen, beispielsweise in der U-Bahn während der Stoßzeiten, müssen wir uns durch wahre Menschenmassen »kämpfen«. Dabei ist es schwer zu vermeiden, daß wir von anderen Menschen gestoßen werden und unsererseits andere Menschen anrempeln.

Möglicherweise ist es uns einfach gleichgültig, und wir nehmen Püffe, Stöße und blaue Flecken mit stoischer Gelassenheit hin.

Wir können andererseits alle unsere Sinne aktivieren, genau aufpassen, schnell zur Seite springen und vorsichtig sein. Diese Möglichkeit ist nicht unvernünftig, aber sicherlich auch sehr anstrengend. Sie nimmt unsere ganze Konzentration in Anspruch und läßt nicht zu, daß wir an etwas anderes denken.

Wir können aber auch ins Fitneßcenter gehen und unseren Körper stählen, so daß jemand, der gegen uns stößt, das Gefühl hat, er würde gegen einen Felsen laufen. Doch was geschieht, wenn zwei »Felsen« aufeinandertreffen?

Schließlich können wir auch werden »wie das Wasser«. Wir können lernen, unsere Bewegungen so weich zu machen, daß jede Berührung unseren Körper bewegt. Einem Stoß setzen wir keine Kraft entgegen, aber wir weichen auch nicht *aktiv* aus. Die erste, leichteste Berührung versetzt uns in eine Bewegung, die von der auftreffenden Kraft gelenkt wird. Ohne Anstrengung, ohne Stöße zu spüren oder auszuteilen, »fließen« wir durch die Menschenmenge.

Zugegebenermaßen klingt das etwas leichter, als es ist. Aber wie wir schon angedeutet haben: das Schwierigste ist nur, daß es eigentlich so leicht ist. Wie wir diese Leichtigkeit in unseren Bewegungen erreichen können, werden wir in einem späteren Kapitel anhand der Übung »Die Bewegung der Fünf Tiere« demonstrieren.

Wir haben bisher nur von körperlichen Bewegungen gesprochen. Gleiches gilt jedoch ebenso für unsere geistigen und seelischen »Bewegungen«. Auch unsere geistigen und seelischen Kräfte wirken dann am positivsten und stärksten, wenn wir sie unserer Natur gemäß verwenden – wenn wir »dem Tao folgen«.

Wenn wir über ein schwieriges Problem nachdenken, kommen wir oft an einen Punkt, an dem »nichts mehr geht«, an dem wir feststecken und nicht mehr weiterwissen. Und dennoch spüren wir eventuell, daß wir die Lösung eigentlich wissen müßten, daß wir sie »im Hinterkopf« haben. Interessant ist dabei, daß sich die Lösung immer weiter zu entfernen scheint, je mehr wir uns darum bemühen. Oft finden wir die Lösung dann, wenn wir aufgegeben haben und kaum noch an das Problem denken – manchmal springt uns die Lösung geradezu an, wenn wir unser Bemühen aufgeben.

Im seelischen Bereich ist es dasselbe. Je mehr wir uns um etwas bemühen, desto weniger gelingt es uns.

Fatalerweise ist all das nicht so deutlich, daß es jedem sofort bewußt wird. Dann wäre es ja keiner weiteren Erwähnung wert. Wir sind uns bewußt, daß unser Willen schon einiges zustande bringt, und gelangen so nur zu leicht zu dem Glauben, daß es nötig wäre, unsere Willenskraft einzusetzen, wenn wir etwas erreichen wollen. Und doch werden wir bei genauerer Beobachtung feststellen müssen, daß nicht die Menschen mit dem stärksten Willen am erfolgreichsten sind, sondern diejenigen, die ganz und gar, mit ihrer ganzen *Seele* bei einer Sache sind, die das, was sie tun, mit *Freude* tun – kurz: die ihrer Natur folgen!

Wenn wir uns das Ziel einer vollkommenen Gesundheit, einer unser ganzes Wesen umfassenden Zufriedenheit und Heiterkeit, oder gar das Ziel der körperlichen Unsterblichkeit setzen, werden wir mit unserem Willen *nichts* erreichen. Nur durch die Einsicht, daß unser Ziel unser Weg ist und indem wir unserer Natur und dem Tao folgen, werden wir Fortschritte auf unserem Weg machen.

Denn in unserer Natur liegt das Geheimnis der Unsterblichkeit verborgen.

Wu-Wei – Das aktive Nicht-Tun

Wenn wir oben gesagt haben, daß wir mit unserem Willen nicht wirklich unsere Ziele erreichen können, heißt das selbstverständlich nicht, daß wir unseren Idealen näher kommen, indem wir uns »hängenlassen«, uns alles gleichgültig wird und wir keine Ziele mehr haben. Das wäre ein schlimmes Mißverständnis. Aber was ist es dann? Sollen wir nun handeln oder sollen wir nichts tun und abwarten, was geschieht?

Die Taoisten haben für ihre Haltung einen Begriff: *wu-wei*, was man ungefähr mit »Ohne-Handeln« oder »Nicht-Tun« (nicht: Nichts tun!) übersetzen könnte. Besser zu verstehen ist die Bedeutung von *wu-wei* allerdings, wenn wir es mit »bedachtes Tun«, »aufmerksames Handeln« oder »waches Bewußtsein« umschreiben. Anstatt sich in Handlungen zu verstricken, deren Konsequenzen nicht im entferntesten absehbar sind, heißt *wu-wei*, bedacht und vorsichtig handeln – allerdings nicht intellektuell bedacht, nicht durch Nach*denken*, sondern durch intuitives Nach*fühlen*.

Deshalb waren so viele Taoisten auch Einsiedler: Die Wege der Natur zu erfühlen, gelingt natürlich am besten in der Natur, abseits von den Alltagsgeschäften. Allerdings waren die Taoisten keine Einsiedler von der Art, die sich mit geschlossenen Augen in eine dunkle Höhle zurückziehen und ihren Bauchnabel betrachten, sondern sie beobachteten die Natur, die Pflanzen, die Tiere, den Himmel, die Erde und versuchten, die Zusammenhänge zu erkennen und im Einklang mit dem Naturgeschehen zu leben, um so ihrer eigenen Natur gerecht zu werden.

Wir neigen dazu, die Kraft unseres (logischen) Denkens ebenso zu überschätzen, wie die Macht unseres Willens. Nun hat das logische Denken einige Vorteile auf seiner Seite: Ein Gedankengang kann nur auf *logische* Art und Weise eindeutig und klar anderen mitgeteilt und nachvollziehbar gemacht werden. Unsere gesamte Technik beruht auf dieser Art zu denken. Etwa eine Uhr auf intuitive Art und Weise zu konstruieren, ohne logische Überlegung, wäre ein Ding der Unmöglichkeit.

Da uns die Leistungen der Technik besonders großartig erscheinen, übersehen wir leicht, daß unsere Intuition, unser Gefühl viel Großartigeres zu leisten vermag. Betrachten wir uns nur ein einfaches Ballspiel. Jeder von uns kann, während er sich bewegt, einem anderen, der sich ebenfalls bewegt, einen Ball zuwerfen – und derjenige wird ihn (wahrscheinlich) auch fangen können. Werden wir dabei versuchen, den Abwurfwinkel, die Kraft, die wir einsetzen müssen, um den Ball mit seinem Gewicht über eine bestimmte Strecke zu werfen, unter Berücksichtigung der Bewegung unseres Mitspielers zu *berechnen*? Natürlich nicht – wir werden uns auf unser »Ballgefühl« verlassen und damit wesentlich erfolgreicher sein, als wenn wir in dieser Situation den absurden Versuch unternehmen, den Wurf zu berechnen. Eine Maschine zu konstruieren, die in der Realität auch nur ein einfaches Ballspiel spielen kann, ist heute noch, bei allem Fortschritt der Technik, praktisch unmöglich.

Und um wieviel komplizierter sind die Zusammenhänge in der Natur! Lange Zeit haben »wir« im Westen geglaubt, die Natur beherrschen, sie in Zahlen fassen und berechnen zu können. Doch allmählich wird auch den Wissenschaftlern bewußt, wie begrenzt doch ihre Möglichkeiten sind. Alltägliche Vorgänge, wie die Strudel, die das Wasser in der Badewanne beim Ablaufen bildet, oder das Wetter sind *prinzipiell* nicht berechenbar. Der Traum der Wissenschaftler von einer vollkommen berechenbaren Welt ist endgültig zu Ende geträumt. Heute ist klar, daß es keine hundertprozentige Wettervorhersage geben kann, niemals geben wird. Einer der modernsten Zweige der Physik, die *Chaosforschung*, hat sich den natürlichen Geschehnissen zugewandt und dabei festgestellt, daß kleinste Ereignisse größte Wirkungen haben können. Manche Erkenntnisse der Chaosforscher klingen ziemlich taoistisch.: »Der Flügelschlag eines Schmetterlings in China kann einen Wirbelsturm in Australien auslösen.«

Alles ist mit allem verbunden. Jedes Ereignis hat also Auswirkungen auf alle anderen Ereignisse im Kosmos; Berechenbarkeit und Ordnung sind nicht die Regel, sondern absolute Ausnahmen, die nur für eng begrenzte Zeit- und Raumabschnitte gelten.

Wir müssen also erkennen, daß die Konsequenzen unseres Handelns – und zwar unseres ganz alltäglichen Handelns – kaum voraussehbar sind. Je mehr wir uns in unübersehbares Tun verstricken, desto unübersehbarer wird unser Leben. Das *wu-wei* der Taoisten mit der Sichtweise der wechselseitigen Verbundenheit aller Dinge ist die vernünftigste Art und Weise, sein Handeln einigermaßen überschaubar und sinnvoll zu gestalten. Vernünftig ist dabei *nicht* dasselbe wie logisch. Vernünftig ist aber auch nicht, wenn wir *un*logisch handeln. Vernünftig ist, *bedacht* zu handeln. Und noch ein wichtiger Punkt ist zu nennen: bei aller Vorsicht und Bedachtsamkeit ist *Ängstlichkeit*, vor allem die Angst neue Möglichkeiten zu erkunden, immer ein Fehler. *Wu-wei* heißt, nicht hektisch, nicht ängstlich, nicht unbedacht, nicht im Glauben, alles zu wissen, handeln.

Was hat all das aber mit der Suche nach Unsterblichkeit und vollkommener Gesundheit zu tun?

Nun, wir haben einige wichtige Punkte zusammengetragen: Vollkommene Gesundheit kann nur erreicht werden, wenn wir unserer Natur folgen. Natürliche Abläufe sind immer ein Wechselspiel zwischen vielen verschiedenen Kräften und Einflüssen und daher nicht durch reines *Denken* verstehbar, sondern nur durch Einfühlen. Wenn wir lernen wollen, unserer Natur einfühlsam zu folgen, sollten wir achtsam und vorsichtig, aber nicht ängstlich handeln.

Genau das bedeutet *wu-wei*.

In Harmonie mit dem Tao

Wenn wir die Prinzipien des *wu-wei* befolgen und bedachtsam handeln, wenn wir unserer Intuition und unseren Gefühlen folgen, sind wir auf dem Weg, der uns zur vollkommenen Harmonie mit uns selbst und unserer Natur bringt. Der Weg zur Unsterblichkeit ist der Weg der vollkommenen Harmonie.

All das, was wir bisher besprochen haben, ist ein Teil des Weges zur Harmonie. Diese Harmonie ist nicht der Blick durch die berühmte »rosarote Brille«, sondern ein Gleichgewicht aller Kräfte, äußerer und innerer, geistiger, seelischer und körperlicher Energien.

Ein Ungleichgewicht führt zu einem Verlust der Harmonie. Wenn es Krankheiten gelingt, uns anzugreifen, so deshalb, weil der Zustand der Harmonie gestört ist. Krankheiten sind also immer Anzeichen für ein Ungleichgewicht der Kräfte. Auch der Verfall unseres Körpers und Geistes, der zu Alter (statt Reifung) und Tod führt, ist u.a. das Ergebnis fehlender Harmonie.

In unserer Sprache hat die Wissenschaft für die kleinen und großen Einflüsse, die uns aus dem Gleichgewicht bringen, das Wort *Streß* geprägt. Es hat sich mittlerweile ein Zweig der Medizin etabliert, der das Phänomen *Streß* und seine Auswirkungen auf körperliche Vorgänge untersucht – die Streßforschung. Die Ergebnisse der modernen Streßforschung lassen sich mit den taoistischen Lehren gut in Einklang bringen.

Insbesondere der Zusammenhang zwischen Streß und Krankheiten ist heute unbestritten. Menschen, die hektisch und angespannt leben, die ständig einem Wechselbad der Gefühle ausgesetzt sind, haben ein wesentlich höheres Risiko, an Magengeschwüren, Herzkrankheiten, Schlaganfällen, Krebs und anderen Leiden zu erkranken, als ihre ruhigen, entspannten und ausgeglichenen Zeitgenossen. Die Auswirkungen von Streß sind – was uns im Westen ja oft so wichtig zu sein scheint – sogar meßbar. Streßhormone werden ausgeschüttet, die den Herzschlag beschleunigen, die Muskulatur in einen Spannungszustand versetzen, die Gehirnaktivität verändern, die Atmung beschleunigen, den Hautwiderstand herabsetzen usw.

Noch interessanter ist vielleicht die Erkenntnis, daß es gar nicht so sehr auf die *äußeren* Bedingungen ankommt, sondern vor allem auf den *Umgang* mit Streß, auf die Verarbeitung, also auf die *inneren* Bedingungen. Ein Mensch kann durchaus in äußerlich schlechten Umständen leben – solange diese Umstände keinen Streß bei ihm *auslösen*, kann der äußere Druck sogar positive Auswirkungen auf seine Gesundheit, sein Wohlbefinden und seine Ausgeglichenheit haben: Wenn er in Harmonie mit sich selbst und seiner Umwelt lebt – oder wie es die Chinesen ausdrücken würden: Wenn er dem Tao folgt. In einem späteren Kapitel werden wir noch ausführlich darauf eingehen, wie wir diese Harmonie durch geistig-seelische Übungen fördern und auf diese Art und Weise unserem Ziel der Unsterblichkeit und vollkommenen Gesundheit näher kommen können.

Die Wissenschaft kennt den Begriff *Eustreß*, also »guten Streß«, der die Tatsache beschreibt, daß Menschen ein gewisses Maß an körperlicher, seelischer und geistiger Anregung benötigen. Menschen, die scheinbar überhaupt keinen Streß haben, die absolut nichts tun (oder tun können), leiden gerade deshalb unter starkem Streß, der sich auch in körperlichen Veränderungen, beispielsweise in Form von Krankheiten, bemerkbar macht. Positiver Streß ist dagegen nicht nur unschädlich, sondern geradezu lebensnotwendig: Die Anregung, die der Eustreß auslöst, stärkt unsere Abwehrkräfte; nicht nur das Immunsystem und die Kraft unserer Organe, sondern ebenso unsere geistigen und seelischen Abwehrkräfte.

Am Beispiel Sport lassen sich beide Formen von Streß gut zeigen: Bekanntermaßen leben Menschen, die sich kaum bewegen – vom Fernsehsessel zum Kühlschrank und zurück –, nicht besonders gesund, auch wenn ihr Streßlevel nicht sonderlich hoch zu sein scheint. Andererseits – und das ist eine relativ neue Erkenntnis – ist auch das Immunsystem von Hochleistungssportlern geschwächt.

Wir kommen also immer wieder auf taoistische Vorstellungen zurück: Wenn wir eine vollkommene körperliche, geistige und seelische Gesundheit anstreben, ist es einerseits von größter Wichtigkeit, unnötige Anstrengungen des Körpers, des Geistes und der Seele zu vermeiden, andererseits aber durchaus aktiv an dieser anstrengungslosen Harmonie zu »arbeiten«! Unnötig sind die Anstrengungen dann, wenn sie nicht dazu dienen, unserer wahren Natur näherzukommen, uns glücklicher zu fühlen und in Harmonie mit dem Tao zu leben.

In den folgenden beiden Kapiteln werden wir noch ein wenig bei der – hoffentlich nicht allzu grauen – Theorie verweilen, uns einige Gedanken über das Wesen der Unsterblichkeit machen und den taoistischen Dreifachen Weg zu unserem Ziel darstellen. Doch danach werden wir uns daranmachen, uns auf den Weg zur Unsterblichkeit zu begeben, uns der Übung zuzuwenden und dabei all die Einsichten, die wir bisher gewonnen haben, in die Praxis umsetzen.

Zunächst einmal stellt sich uns jedoch die Frage: Was meinen wir eigentlich, wenn wir von der »Unsterblichkeit« sprechen?

Das Wesen der Unsterblichkeit

Die vielen Gesichter der Unsterblichkeit

Einige Menschen wollen durch ihre Werke oder ihre Nachkommen unsterblich werden. Ich würde die Unsterblichkeit lieber dadurch erlangen, daß ich nicht sterbe.

WOODY ALLEN

Wenn von der Unsterblichkeit die Rede ist, so kann es dabei um ganz unterschiedliche Ideen gehen. Goethe war ein unsterblicher Dichter, wir können unsterblich verliebt sein – aber diese Art von Unsterblichkeit meinen wir hier natürlich nicht.

Fast alle Religionen lehren irgendeine Form der Unsterblichkeit, und es wurde schon vor langer Zeit darauf hingewiesen, daß allen Religionen eine tiefere, gemeinsame Weisheit zugrunde liegt. Tatsächlich sollte es einem schon zu denken geben, daß praktisch alle Religionen der Welt eine Realität anerkennen, die über die Welt, die wir mit unseren Sinnen erfahren, hinausgeht. Schon allein deshalb muß man der Weisheit, die hinter der Vielfalt der religiösen Lehre steht, wohl mehr vertrauen, als dem modernen Irrglauben, alles wissen und verstehen zu können.

Doch bei allen Gemeinsamkeiten gibt es auch große Unterschiede zwischen den Vorstellungen, gerade auch – und das interessiert uns hier besonders –, was die Idee der Unsterblichkeit des Menschen angeht.

Viele Religionen lehren, daß wir nach dem Tod in eine andere Welt eingehen – entweder in eine schlechtere, wie den Hades der alten Griechen, oder in eine bessere, wie das christliche Paradies. Oft ist auch von beidem die Rede: einem »Himmel«, in dem die Guten den Lohn für ihre Tugenden empfangen, und einer »Hölle« für die schlechten und boshaften Menschen, die dort nun ihre Strafe abbüßen. Bei diesen Jenseitsvorstellungen geht es um das Weiterleben unserer Seele, unseres Wesenskerns; wenn auch im katholischen Christentum die Vorstellung herrscht, daß der Körper wieder aufersteht. (Deshalb ist im Katholizismus die Einäscherung verboten!)

In anderen Religionen, insbesondere im Hinduismus herrscht dagegen die Vorstellung von der Wiedergeburt (Reinkarnation) vor. Nicht in einer anderen Welt geht unser Leben weiter, sondern in dieser Welt – nur in einem anderen Körper. Auf den ersten Blick geht es auch bei den Wiedergeburtslehren um Belohnung und Strafe, denn die Menschen werden gemäß ihrer Verdienste in ihrem vorangegangenen Leben wiedergeboren. Die Idee dahinter ist jedoch eine andere: Es geht nicht um Strafe oder Lohn, sondern um die Suche nach spiritueller Vervollkommnung. Bosheit, schlechte Taten und Gedanken führen zu einem schlechten *karma*, aber nicht so, wie eine Strafe auf Verbrechen folgt, sondern eher wie ein »Kater« auf eine durchzechte Nacht. Auch bei der Lehre von der Wiedergeburt ist es unsere »Seele«, die weiterlebt – allerdings nicht unsere Persönlichkeit, was für unser westliches Denken ziemlich schwer zu verstehen ist.

Manche Naturreligionen, aber auch die Neue Spiritualität sehen die Wiedergeburt als eine Rückkehr, eine Heimkehr zur Ganzheit der Erde, von der wir ohnehin ein Teil sind.

All diese religiösen Vorstellungen von einem Weiterleben nach dem Tod bezogen sich jedoch nicht auf den geheimen Wunsch nach der biologischen Unsterblichkeit des Menschen. Schon auf

Erden unsterblich? Ist das nicht eine bloße Wunschvorstellung, oder um es deutlicher zu sagen: ein Hirngespinst?

Alle Überlegungen, die in diese Richtung gingen, wurden schon immer mit Mißtrauen, Skepsis und sogar etwas Angst betrachtet. Was würde wohl ein Mensch vollbringen können, dem nicht nur die eine, kurze Lebensspanne zur Verfügung steht, sondern viele?

So waren es immer auch besonders mutige Menschen, die sich dieses ungewöhnliche Ziel setzten: Priester, Schamanen, »Hexen«, Mystiker, Alchemisten – und in jüngster Zeit auch Wissenschaftler und Mediziner.

Wissenschaftliche Erkenntnisse beleuchten heute die verschiedenen Formen der Unsterblichkeit neu. Es erscheint nach neueren Forschungen in ganz verschiedenen Bereichen, der Gentechnik, der Gerontologie (Altersforschung), der Ernährungslehre, der Immunologie und nicht zuletzt der Psychologie keineswegs mehr abwegig, daß das menschliche Leben frei von Krankheit und Tod sein kann.

Auch für die moderne Physik sind inzwischen scheinbar wissenschaftsferne Vorstellungen, wie die von der leiblichen Wiederauferstehung der Toten, nicht mehr unvorstellbar. So besagt zum Beispiel eine Theorie, daß das Universum sich bis zu einem gewissen Grad ausdehnt, dann wieder »schrumpft«, wobei sich der Zeitstrom umkehre: Die Toten erwachen zum Leben, werden ausgegraben, werden immer jünger, bis sie schließlich geboren werden (siehe dazu: Tipler, F. J. *Die Physik der Unsterblichkeit. Moderne Kosmologie, Gott und die Auferstehung der Toten.* Piper 1995).

In diesem Kapitel geht es um die verschiedenen Formen der Unsterblichkeit und darum, was jede dieser Vorstellungen von der Unsterblichkeit wirklich für uns bedeutet.

Die Unsterblichkeit der Energie

Alles ist Energie. Das wissen wir im Westen spätestens, seit Einstein seine berühmte Formel von der Beziehung von Masse und Energie, $e = mc^2$ aufgestellt hat. Die Vorstellung, daß sich Materie und Energie in ihrem tiefsten Grund nicht unterscheiden, ist eine uralte Vorstellung – unsere Welt existiert eben nicht aus Energie und Materie, Geist und Körper; sie ist stets beides und keines von beidem. Diese Einheit, die den Gegensätzen zugrunde liegt, haben die chinesischen Weisen schon vor Tausenden von Jahren erkannt – und nannten es *T'ai Chi*, das große Ganze.

Die Chinesen erkannten auch, was unsere Physik erst viel, viel später entdeckte: nichts geht verloren. Materie kann nicht vernichtet werden, denn sie wird in Energie umgewandelt, Energie kann nicht verlorengehen, sie nimmt nur andere Formen an. Der Satz von der Erhaltung der Energie gehört zu den grundlegenden Sätzen auch unserer Physik.

Wenn wir nun noch einen Schritt weitergehen und erkennen, daß auch Leben und Geist als Energien zu verstehen sind, haben wir bereits *eine* Form der Unsterblichkeit als feststehende Tatsache: unser Geist löst sich bei unserem leiblichen Tod nicht einfach in Nichts auf. Es geht nichts verloren, alles bleibt erhalten – nur eben in einer anderen Form.

Was heißt das für uns?

Es bedeutet, daß wir *in gewisser Weise* tatsächlich unsterblich sind. Wir sind und wir bleiben ein Teil des Universums. Doch die Frage ist ja, ob wir wirklich *persönlich* unsterblich sind. Was bleibt nach unserem Tod von dem, was unsere Person ausmacht?

Die Unsterblichkeit der Energie gibt wenig Hoffnung auf ein individuelles Weiterleben. Die Physik scheint dieser Hoffnung auf den ersten Blick wenig Nahrung zu geben. Die einmalige Konstellation der Ströme, Energien, Atome und Moleküle, aus denen wir bestehen, löst sich mit unserem Tod auf. Die einzelnen Bestandteile sind zwar unvergänglich, aber wir sind ja nicht einfach die Summe dieser Bestandteile, sondern das Ergebnis der einmaligen, unverwechselbaren und individuellen Wechselbeziehung zwischen ihnen.

Die neuesten Erkenntnisse der Physik, insbesondere der Chaosforschung, lassen das Verständnis von Unsterblichkeit in neuem Licht erscheinen. Alles, wirklich alles im Universum hängt zusammen. Nicht ein einziges Atom kann seine Position verändern, ohne das gesamte Universum zu beeinflussen. Wenn wir das erkennen, können wir auch unser Leben und unseren Tod auf eine neue Art und Weise betrachten: Unser individuelles Leben ist ein Wirbel im

Energiestrom des Universums, der für alle Zeiten den Kosmos verändert und beeinflußt. So leben wir und unsere Individualität auch nach unserem Tod in gewisser Weise weiter und sind unsterblich. Unser Tod ist dann ein Übergang auf eine andere Ebene.

Doch unser »Ich« ist aufgelöst. Das, was uns als »ich« erscheint, hat an dieser Art der Unsterblichkeit nicht teil.

Die Unsterblichkeit der Seele und des Geistes

Wir sehnen uns (zumindest viele Menschen tun das) nicht so sehr nach einer abstrakten Unsterblichkeit, bei der *wir selbst*, also unser bewußtes Ich und unser innerster Wesenskern im Energiestrom des Universums verlorengehen.

Die meisten Religionen sprechen dem eigentlichen Wunsch entsprechend von der Unsterblichkeit der Seele. Das, was unser Wesen ausmacht, stirbt nicht, sondern tritt in eine andere Welt über, in eine andere Seinsebene oder wird auf dieser Welt wiedergeboren.

Es gibt jedoch sehr unterschiedliche Vorstellungen, was die Eigenschaften unserer Seele angeht. Ist unsere Seele dasselbe wie unser Bewußtsein, unsere Erinnerungen, unsere Persönlichkeit? Oder ist sie die Grundlage von all dem?

Im Christentum, Judentum und Islam ist mit der Seele meist die gesamte Persönlichkeit gemeint; unsere Gedanken, unsere Gefühle, unsere Taten – ja anscheinend selbst unser Körper bis zu einem gewissen Grad. So kann auch die Seele verantwortlich für ihre guten oder schlechten Taten sein und dafür am Tag des Jüngsten Gerichts belohnt oder bestraft werden. Wenn die Seele frei von Sünden ist – eventuell nach einer Zeit des »Fegefeuers« –, wird sie mit »ewigem Leben im Paradies« belohnt.

Diese Formen des Glaubens an eine unsterbliche Seele nehmen also an, daß unsere Persönlichkeit unsterblich werden kann. Unser »ich« bleibt dabei – in gereinigter Form – erhalten. Der Tod ist demnach nicht das Ende, sondern eher ein neuer Anfang, eine neue Geburt in einer anderen Welt.

Viele Naturreligionen, auch der Hinduismus und teilweise der Buddhismus vertreten dagegen die Lehre von der Wiedergeburt. Auch hier ist die Seele unsterblich und wird neu geboren – aber nicht in einer jenseitigen Welt, sondern in dieser Welt; die Seele geht in den Körper eines neugeborenen Menschen, eines Tieres oder einer Pflanze über. Doch bei diesen Glaubensrichtungen wird die Seele ganz verschieden aufgefaßt. Die meisten Anhänger der Seelenwanderung gehen jedoch auch davon aus, daß die gesamte Persönlichkeit erhalten bleibt, allerdings meist ohne die persönlichen Erinnerungen. Nur in Ausnahmefällen erinnern sich spirituell besonders weit entwickelte Menschen (wie der Dalai Lama, das Oberhaupt des tibetischen Buddhismus) an ihre früheren Leben.

Für diese Vorstellung sprechen die Ergebnisse sogenannter »Rückführungshypnosen«. Im Zustand der Hypnose ist das Bewußtsein freier von Gedächtnisblockaden, Verdrängungen und Ängsten; manche Hypnosetherapeuten nutzen dies, indem sie ihre Patienten dazu anregen, sich in ihre frühe Kindheit zurückzuversetzen, um dort eventuelle Ursachen für seelische Störungen zu entdecken und aufzuarbeiten. Interessant wird es spätestens dann, wenn man Menschen in Hypnose auffordert, vor den Zeitpunkt ihrer Geburt und schließlich sogar vor den Zeitpunkt ihrer Zeugung zurückzugehen. Nach dem rein materialistischen Weltbild wäre dabei kein Ergebnis zu erwarten: doch statt dessen scheinen manche Menschen bei einem solchen Versuch ein früheres Leben wieder ins Bewußtsein zurückrufen zu können! Leider sind die Ergebnisse dieser Untersuchungen noch nicht wissenschaftlich fundiert und bestätigt, aber mit Sicherheit ist dies ein spannender und möglicherweise vielversprechender Ansatz, der eines Tages vielleicht ein neues Licht auf das Wesen unserer Seele und der seelischen Unsterblichkeit werfen könnte.

Die körperliche Unsterblichkeit

Wir haben nun viel über die verschiedenen Formen der Unsterblichkeit gesprochen – doch die Unsterblichkeit, um die es in diesem Buch gehen wird, ist »handfester«. Uns geht es hier nicht um die abstrakte Unsterblichkeit der Energie, oder die seelische Unsterblichkeit nach dem Tod, sondern um die geheime Hoffnung vieler Menschen seit Anbeginn der Menschheit. Wir sprechen von der körperlichen Unsterblichkeit – der Unsterblichkeit in *unserem jetzigen Körper in dieser Welt.*

Die Hoffnung auf die leibliche Unsterblichkeit zieht sich durch die Geschichte. Die Priester-Magier im alten Ägypten und in Indien, die Eingeweihten der Azteken und Maya und die Alchemisten des europäischen Mittelalters waren davon überzeugt, daß es Mittel und Wege geben müsse, das menschliche Leben nicht in Jahrzehnten, sondern in Jahrhunderten zu messen, daß es Formeln, Zaubertränke, Rituale und Beschwörungen gäbe, die dem Eingeweihten zur leiblichen Unsterblichkeit verhelfen könnten. Doch alle ihre Versuche, die möglicherweise die Grundlage der Wissenschaften bildeten, waren (soweit wir wissen) nicht von Erfolg gekrönt.

Auch im alten China strebten die Alchemisten nach dem Ziel der Unsterblichkeit. Die taoistischen Meister waren es schließlich, die den Schlüssel zur Unsterblichkeit fanden: Nicht allein von außen, durch Zaubertränke oder Magie, nicht allein von innen, durch Meditation und Kontrolle des Atems kann das Leben verlängert werden, ja, nicht einmal durch die Summe all dieser Dinge – nur durch ein sinnvolles Zusammenspiel des Innen und des Außen, nur dadurch, daß die Lebenskräfte nicht den Kräften der Natur entgegenstehen, sondern *mit* ihnen »fließen«.

Zu allen Zeiten ist wohl eine der wichtigsten Triebfedern für die Suche nach Unsterblichkeit die Angst vor dem Tod gewesen. Doch die Angst ist ein schlechter Lehrmeister. Erst mit dem Ende der Furcht vor dem Tod wird die Unsterblichkeit möglich. Die tiefverwurzelte Furcht vor dem Tod ist paradoxerweise eine der Ursachen für seelische, geistige und körperliche Blockaden, die zu Krankheiten, Unzufriedenheit, Verlust der Harmonie und schließlich zum Ende der körperlichen Existenz führen.

Kann unser Körper »ewig« leben, können wir »unsterblich« werden? Ist diese Vorstellung vereinbar mit dem westlichen Bild der Welt?

Nun ist das westliche, wissenschaftliche Weltbild sicherlich nicht der Weisheit letzter Schluß und ist selbstverständlich weit davon entfernt, die Welt vollständig zu verstehen. Mit unserem begrenzten Verstand die *ganze* Welt begreifen zu wollen, wäre ja geradezu größenwahnsinnig. Doch andererseits heißt das ja nicht, daß alle unsere Erkenntnisse, insbesondere auch die Erkenntnisse unserer

Wissenschaften, Einbildung oder Unsinn sind! Die wissenschaftliche Methode hat immerhin den Vorteil, relativ einfache Zusammenhänge bis ins Detail erforschen zu können. Die Methode ist nun für Fragen, die den Menschen, seinen Geist und seine Seele betreffen, kaum angemessen. Was wir messen, wiegen und zählen können, wird dem Wesen des Menschen sicherlich nicht gerecht.

Im Gegensatz zu ganzheitlichen, intuitiven Erkenntnissen kann die Wissenschaft jedoch einzelne Aspekte sehr klar und nachvollziehbar darstellen. Sie kann also mitunter beleuchten, *wie* eine ganzheitliche Methode beispielsweise auf den Hormonhaushalt oder den Kreislauf wirkt. Sie kann Experimente durchführen, die interessante, neue Aspekte eines Phänomens aufzeigen. Im Gegensatz zu ganzheitlichen Methoden, die immer ein gewisses Maß an *Vertrauen* voraussetzen, können wissenschaftliche Erkenntnisse auch Menschen erklärt werden, die sich nicht gefühlsmäßig auf eine Erkenntnismethode einlassen. Und, was vielleicht noch wichtiger ist, sie kann konkrete, nachprüfbare Voraussagen machen.

Aber ist die körperliche Unsterblichkeit mit unserem modernen Wissen vereinbar?

Manchen mag es vielleicht überraschen, daß die wissenschaftliche Biologie die Unsterblichkeit durchaus kennt – bei bestimmten Einzellern. Diese kleinsten Lebewesen, die sich dadurch vermehren, indem sie sich einfach verdoppeln, sind in gewisser Weise unsterblich. Es existieren also lebende Organismen, die Millionen von Jahren alt sind!

Auch menschliche Zellen tragen die Möglichkeit zur Unsterblichkeit in sich. Allerdings hat die Sache einen Haken: Die Zellen, die die Möglichkeit zur Unsterblichkeit erreichen, töten schließlich das übergeordnete Gesamtsystem, den Menschen – es handelt sich nämlich um Krebszellen, die so wie die einzelligen Lebewesen potentiell unsterblich sind, sich immer wieder durch Teilung vermehren, eine Art »Kolonie der Unsterblichen« im menschlichen Körper bilden, ohne Rücksicht auf dessen Bedürfnisse zu nehmen, und schließlich dessen (und damit letztlich doch noch ihren eigenen!) Tod herbeiführen.

Diese Form der körperlichen Unsterblichkeit scheint also nicht unbedingt erstrebenswert, aber sie macht deutlich, daß körperliche Unsterblichkeit kein mythologisches Hirngespinst ist.

In biologischem Sinn haben wir – nicht nur unsere Krebszellen – fast die gleiche Möglichkeit wie Einzeller, unsterblich zu werden. In der Biologie sind die Gene, die Erbanlagen, das, was charakteristisch für ein Lebewesen ist. Einzeller, Bakterien, Viren oder Krebszellen teilen sich, wobei sämtliche Gene verdoppelt werden. Beim Menschen findet die Fortpflanzung bekanntlich anders statt. Wir geben an unsere Kinder nicht alle unsere Gene weiter, sondern nur die Hälfte – die andere Hälfte kommt von unserem Partner. Dennoch: ein Teil von uns lebt in unseren Kindern weiter. Durch unsere Kinder erlangen wir zumindest ein Stück Unsterblichkeit.

Doch auch diese schöne Möglichkeit, sich der Unsterblichkeit zu nähern, ist natürlich nicht *die* Unsterblichkeit, die wir suchen. Wir selbst als Individuen wollen ja unsterblich werden.

Was aber, wenn wir unsere gesamten Gene in einen Körper, der unserem bis aufs Haar gleicht – vielleicht sogar mit ein paar Verbesserungen – übertragen könnten? Tatsächlich arbeitet die Wissenschaft an dieser Möglichkeit. Das heißt, die Gene werden nicht einfach übertragen, sondern aus dem genetischen Material eines Körpers wird ein neuer Körper gezüchtet, der die gleichen Eigenschaften hat wie der ursprüngliche.

Das klingt ziemlich unheimlich. Nun ist die Wissenschaft zwar noch nicht so weit, ganze Menschen zu *klonen* (so heißt diese Technologie), doch Teile des Menschen und Tiere können heute bereits geklont werden. Die Genforschung beschränkt sich allerdings nicht nur auf eine Vervielfachung, sondern zielt auch auf Veränderung, Verbesserung ab. Pflanzen werden genetisch »verbessert« (d.h. für den Verkauf) und Tiere werden genetisch so verändert, daß sie in ihrem Körper Medikamente produzieren. In Zukunft sollen sogar angeborene Krankheiten dadurch geheilt werden, daß man die dafür verantwortlichen Gene in den Erbanlagen verändert.

Aber einmal abgesehen von den schwierigen ethischen Fragen, die die Genforschung aufwirft: Auch das Klonen als »moderne Form der Wiederauferstehung« kann nicht die Art Unsterblichkeit bieten, die wir suchen. Wir hätten dann zwar eine körperliche Unsterblichkeit erreicht – doch ohne unseren Geist und unsere Seele. Denn der geklonte Körper hätte einen eigenen Geist und eine eigene Seele, er wäre ebensowenig wir, wie es unser Zwillingsbruder wäre! Auch eineiige Zwillinge sind ja *zwei* Personen, obwohl sie die gleichen Erbanlagen besitzen.

Es sind jedoch auch Fortschritte unserer westlichen Medizin zu verzeichnen, die, wenn auch noch nicht die körperliche Unsterblichkeit, so doch immerhin die Möglichkeit einer extremen Verlängerung des Lebens in Aussicht stellen. Die Phänomene Altern und Tod werden heute nicht mehr als unveränderlich und ein für allemal festgelegt angesehen. Die Forschungsansätze kommen dabei aus ganz verschiedenen Richtungen. Der doppelte Nobelpreisträger Linus Pauling war davon überzeugt, daß allein durch eine genau abgestimmte Gabe von Vitaminen, insbesondere hohen Dosen von Vitamin C, die Lebensspanne des Menschen auf *mindestens* 120 Jahre angehoben werden könnte, während die Lebenserwartung momentan bestenfalls durchschnittlich bei ca. 80 Jahren liegt. Die Gen- und Krebsforschung haben ebenfalls dazu beigetragen, die Ursachen von Alter und Tod aufzuklären. Die Zusammenhänge von Geist, Seele und Körper werden in der Psychoneuroimmunologie erforscht; dabei mehren sich die Anzeichen dafür, daß viele Aspekte von Krankheit und Altern durch psychische Vorgänge beeinflußt werden können.

Die Wissenschaften stehen also nicht, wie man vielleicht auf den ersten Blick annehmen möchte, im Widerspruch zur Vorstellung von Unsterblichkeit. Sie legen vielmehr nahe, daß zumindest eine Annäherung an die körperliche Unsterblichkeit ein Ziel ist, das irgendwann einmal erreicht werden könnte.

Den taoistischen Meistern ging es nicht um wissenschaftliche Beweisführung. Gerade deshalb aber, weil sie nicht analytisch, naturwissenschaftlich und intellektuell, sondern ganzheitlich, intuitiv und einfühlend vorgingen, kamen sie der praktischen Unsterblichkeit näher, als es heute, nach jahrzehntelanger intensiver Forschung und mit enormem finanziellem und personellem Aufwand, unsere Wissenschaften sind.

Die taoistische Unsterblichkeit meint die Unsterblichkeit von Körper *und* Seele. Die Wege zur Unsterblichkeit führen über den Atem, den Geist, die Seele, den Körper und letztlich zur Vereinigung aller Aspekte des Menschen, zu *ganzen* Menschen – zum »Unsterblichen«.

Wir werden in diesem Buch zeigen, welchen Weg die Taoisten nahmen und wie wir ihnen auf ihrem Weg zur Unsterblichkeit folgen können.

Die Ruhe im Wandel

Wenn wir im Westen von einem Ideal sprechen, meinen wir meist einen Ideal*zustand*, also etwas, das erreicht werden kann und das dann unverändert so bleibt. Bei uns sagt man, jedes Ding habe seine zwei Seiten: gut-böse, schön-häßlich, jung-alt, sterblich-unsterblich, schwarz-weiß. Charakteristisch ist, daß diese zwei Eigenschaften jeweils als unvereinbare Gegensätze gesehen werden. Ist eines wahr, so ist das andere unwahr. Diese Art des Denkens nennt man *dualistisch*. Gemäß dualistischem Denken besteht auch eine Trennung von Seele und Körper, von Energie und Materie, von Denken und Fühlen.

Diese Zweiteilung entspricht der Logik, für die das »Gesetz des ausgeschlossenen Dritten« ein grundlegender Lehrsatz ist: Etwas kann nur wahr oder falsch sein – etwas Drittes ist nicht möglich. In gewisser Weise ist das natürlich richtig. *Wenn* wir zwei Dinge als Gegensätze sehen, können sie in der Tat nicht beide richtig sein. Das gilt selbst dann, wenn es sich um abstrakte Dinge wie Schönheit, Wahrheit usw. handelt. Ein Bild *ist* beispielsweise schön oder nicht schön – es hängt alles von einer exakten Definition der Schönheit ab; steht die Definition, so kann eindeutig bestimmt werden, ob eine Aussage (z.B. das Bild ist schön) zutrifft oder nicht.

Genau das (und nicht die Logik selbst) ist das Problem. Definitionen mit Wörtern sollen Worte erklären – und das auch noch eindeutig! Nun funktioniert das aber einfach nicht, sobald man über umfassende Begriffe wie Schönheit, Gefühle, Einsicht, Glück sprechen möchte. Natürlich kann man einfach definieren, daß Schönheit dann vorliegt, wenn bestimmte Proportionen und Farbharmonien vorhanden sind. Dann *scheint* die Teilung in schön und nicht-schön gelungen zu sein – doch der Haken dabei ist, daß dieser Begriff von Schönheit möglicherweise gar nicht mehr dem entspricht, was wir normalerweise unter Schönheit verstehen! Wir haben dann nur ein Kunstwort erfunden, das etwas mit bestimmten Eigenschaften kennzeichnet; dummerweise gibt es das Wort

»Schönheit« jedoch bereits in der Allgemeinsprache und Mißverständnisse sind vorprogrammiert.

Auch ein großer Teil der Mißverständnisse der westlichen Philosophie beruht auf der Annahme der Definition, die Bezeichnung der Dinge seien die Dinge selbst; vor allem am Leib Seele-Dualismus entzündet sich der unsinnige Streit darum, ob nun Geist oder Materie das beherrschende Prinzip sei.

Im chinesischen, insbesondere aber im taoistischen Denken, sind diese Probleme, die der westlichen Philosophie als die wichtigsten erschienen, nur Scheinprobleme. Die chinesischen Philosophen haben schon vor Tausenden von Jahren erkannt, daß Gegensätze lediglich auf einer bestimmten Ebene als Gegensätze erscheinen, auf einer übergeordneten Ebene aber immer nur Aspekte eines größeren Ganzen sind. Es gibt nichts Absolutes, sondern alles ist mit allem verbunden und muß in seinem Verhältnis zu allem anderen betrachtet werden.

Demnach ist in der chinesischen Philosophie auch kaum von *Zuständen* die Rede, sondern von *Prozessen*. *Idealzustände* sind *harmonische Gleichgewichte* in einem bestimmten Prozeß. Die chinesische Philosophie sieht die Gegensätze als *Pole* eines Ganzen; dieses Denken wird deshalb auch als *polares Denken* bezeichnet.

Die chinesische Philosophie hat für die Pole Begriffe, die wir übernommen haben, da es in unserer Sprache keine passende Entsprechung dazu gibt. Dieses Begriffspaar ist *Yin* und *Yang*. Yin und Yang sind dabei nicht ein bestimmter Gegensatz, nicht männlich-weiblich, nicht gut-böse, nicht hell-dunkel, sondern das Prinzip der Polarität selbst. Das berühmte Yin-Yang-Symbol (siehe Abb.) versinnbildlicht die Idee der wechselseitigen Bedingtheit und des dynamischen Gleichgewichts. Die schwarze (Yin) und die weiße (Yang) Hälfte des Symbols sind nicht nur gleichberechtigt, sondern bedingen einander! Würden wir das Schwarze fortnehmen, so würde auch das Weiße seine Form verlieren. Nur dadurch, daß Weiß und Schwarz, Yin und Yang im Gleichgewicht sind, entsteht Harmonie.

Auch die Unsterblichkeit, auch die vollkommene Gesundheit ist nicht statisch zu sehen, sondern als ein dynamisches Gleichgewicht aller Kräfte. Die Unsterblichkeit ist eine dynamische, immer wieder neu herzustellende, ganzheitliche Harmonie, sie kann niemals allein durch äußere Mittel, die einmalige Einnahme einer Pille, auch nicht durch eine »Initiation« oder einen Zauber erreicht werden. Wie diese Harmonie erreicht werden kann, werden wir im Laufe dieses Buches darlegen.

Aber den Weg gehen muß jeder selbst.

Der dreifache Weg

完美

Die Suche nach Vollkommenheit

Die höchste Vollkommenheit der Seele ist ihre Fähigkeit zur Freude.
MARQUIS DE VAUVENARGUES

Die Suche nach Vollkommenheit ist nicht die Vollkommenheit selbst. Wie könnten wir uns anmaßen »vollkommen« zu sein! Doch das Idealbild der Vollkommenheit ist das Leuchtfeuer, das uns die richtige Richtung weist. Die Suche nach Vollkommenheit ist ein Weg. Und auch hier ist der Weg das Ziel.

Es gibt zwei Redensarten, die sich mit dem Weg und dem Ziel befassen. Die eine mahnt, »das Ziel im Auge zu behalten«, die andere »nicht vom rechten Weg abzukommen«. Doch wenn wir nur das Ziel vor Augen haben, werden wir alsbald in den Graben stürzen; kommen wir nicht vom Weg ab und richten unsere Augen nur auf die nächsten Schritte, werden wir nicht bemerken, ob wir uns in Richtung unseres Zieles oder in die entgegengesetzte Richtung bewegen. Die Kunst besteht darin, das Ziel zu erkennen, sich mit dem Ziel zu verbinden, eins mit ihm zu werden und dann, aufmerksam auf den Weg achtend, sich vom Ziel anziehen zu lassen wie von einem Magneten.

Wir haben schon darüber gesprochen: Alle Wege führen zum Tao. Letztendlich *ist* ja alles Tao, alles Natur – und wie könnte die Welt anders, als dem Lauf der Natur folgen? Alles geht den Gang des Universums, und das, was kurzfristig der Natur entgegenzulaufen scheint, ist schließlich nur eine kleine Bewegung im Strom der Zeit.

Für das menschliche Leben sind jedoch manche Wege Umwege. Die gewöhnliche Spanne unseres Lebens reicht nicht aus, um alle Wege zu erkunden. Natürlich ist auch der Dieb, der Geizkragen, der Mörder Teil des großen Ganzen. Doch sie leben nicht in Harmonie mit dem Tao; *unbewußt* nur sind sie ein Teil des Ganzen, des Tao. Erst wenn wir dem Tao bewußt und ohne Mühe folgen, werden wir unser persönliches Potential verwirklichen. Das aber ist die Unsterblichkeit: voll bewußt dem Tao folgen. Dabei ist es nicht von Bedeutung, zu wissen, daß man dem *Tao* folgt, in Harmonie mit dem Kosmos lebt, sondern bewußt zu tun, was immer man auch tut – und es im Einklang mit dem Tao, seiner eigenen Natur gemäß, zu tun.

Wenn aber nun alle Wege zum Tao führen, ist es sinnvoll, den vielversprechendsten, kürzesten Wegen gleichzeitig zu folgen, denn dadurch wird das Gemeinsame dieser Wege deutlich, und wir erkennen eher die Richtung, in die wir gehen wollen. Denn erst das Gemeinsame der Wege ist *der* Weg.

Die chinesischen Weisheiten beschrieben unterschiedliche Wege zum Tao. Doch nur zu leicht folgen die Menschen nicht dem Weg, den ein taoistischer Meister beschrieb, sondern den *Worten* über den Weg. »Das Tao, das man benennen kann, ist das wahre Tao nicht...« heißt es schon in den ersten Zeilen des *Tao te King*.

Gehen wir nur einen Weg im Glauben, der »Wahrheit« zu folgen, gehen wir bereits in die Irre; folgen wir jedoch mehreren Wegen, werden wir Irrungen auf einem Weg durch die Richtung, die uns die anderen Wege weisen, ausgleichen und korrigieren können. Die Gesamtheit der Wege zum Tao ist daher mehr als die Summe der einzelnen Wege.

Doch sollten wir dabei immer im Auge behalten, daß alle diese Wege zum Tao führen. Solange die Wege noch getrennt erscheinen, ist *der* Weg noch nicht ganz gefunden, die Unsterblichkeit noch nicht erreicht.

Die Taoisten erwähnen drei Hauptstrategien bei der Suche nach Vollkommenheit. In diesem Kapitel werden wir kurz diese Wege beschreiben und zeigen, *wie* sie in Wahrheit nur ein Weg sind – ein Weg aus verschiedenen Perspektiven betrachtet. Doch das Geheimnis der taoistischen Unsterblichkeit liegt gerade in diesen mehrfachen Perspektiven, die erst in ihrer Gesamtheit den Blick auf das Ziel ermöglichen.

Um das etwas anschaulicher zu machen, nehmen wir an, unser Ziel sei eine entfernte geheimnisvolle Stadt; wir wissen nicht, wo sie liegt und wie wir zu ihr gelangen. Nun hören wir von einem Reisenden, er sei von seiner Heimat aus nach Osten gewandert und auf die Stadt gestoßen. Wir können uns jetzt auf die Reise begeben – doch unser Unternehmen wird riskant bleiben. Hören wir nun von einem zweiten Reisenden, er sei nach Westen gegangen und hätte die geheime Stadt entdeckt, verwundert uns das nicht, wenn wir wissen, daß seine Heimat eine andere ist, als die des ersten Reisenden. Osten und Westen sind keine Gegensätze, wenn wir sie aus unterschiedlichen Richtungen betrachten. Keine der Richtungen ist für sich die richtige! Aber nicht nur das. Dadurch, daß uns von unterschiedlichen Orten aus die Richtung gewiesen wird, können wir die Lage der geheimnisvollen Stadt schon erahnen. Gibt uns noch ein dritter einen Hinweis, werden wir nicht mehr so leicht in die Irre gehen – und das, obwohl wir weder die Richtung einschlagen, die der erste Reisende ging, noch die des zweiten! Wir folgen unserem eigenen Weg, der sich aus den unterschiedlichen Wegbeschreibungen ergibt.

Doch um wieder auf die taoistische Suche nach Unsterblichkeit zurückzukommen: Die drei wichtigsten Wege, die wir im folgenden beschreiben, sind der Weg der Vollkommenheit des Geistes, der Weg der Vollkommenheit der Energie und der Weg der vollkommenen Gesundheit.

Der Weg der Vollkommenheit des Geistes führt über die Meditation zur Beruhigung der Gedanken und Gefühle.

Der Weg der Vollkommenheit der Energie führt über die Kontrolle und Lenkung der Energien mit Hilfe von Methoden, die als »Inneres Qi Gong« bekannt geworden sind, zu einer inneren Harmonie der Kräfte.

Der Weg der vollkommenen Gesundheit nutzt die Möglichkeiten des heute auch bei uns schon beliebten (äußeren) Qi Gong und der richtigen Ernährung.

Natürlich sind – wir können es gar nicht oft genug betonen – alle Wege in Wahrheit ein Weg. Solange wir dem Tao nicht folgen, scheinen sie jedoch getrennt. Wenn wir ein wenig genauer hinsehen, erkennen wir (leider vorerst nur auf der Ebene des Verstandes), daß die Wege wechselseitig voneinander abhängen und letztlich *ein* Weg sind.

Wenn wir unseren Geist vervollkommnen wollen, müssen wir unsere geistigen Energien lenken. Für die Lenkung der Energie ist ein etwas ruhigerer Geist Voraussetzung, aber andererseits ist er auch die Folge eines harmonischen Flusses der Energie. Für das Ziel der vollkommenen Gesundheit sind geistige Ruhe und die Harmonie der Energien eine Voraussetzung – doch durch Qi Gong und die richtige Ernährung gelangen die Energien auch in ein harmonisches Gleichgewicht. Auch die Suche nach der vollkommenen Gesundheit wird schließlich zu der Einsicht führen, daß sie geistige und energetische Voraussetzungen braucht.

In diesem Buch werden wir alle drei dieser Wege verfolgen, um schließlich zur Einheit dieser Wege zu gelangen; denn auch die drei Wege zusammen sind nicht *der* Weg.

Die Vollkommenheit des Geistes

Mit dem »Geist« ist natürlich nicht der Verstand oder gar das logische Denken gemeint, sondern die Gesamtheit unseres Denkens und Fühlens.

Schon Lao Tse macht im *Tao te King* klar, daß es nicht das Bemühen um Klugheit, Gerechtigkeit und Weisheit ist, was wichtig ist: »Wirf ab die Heiligkeit, verwirf die Klugheit – so wird den Menschen hundertfältiger Nutzen.«

Das ist aber nicht etwa so zu verstehen, daß wir unseren Verstand vollständig »abschalten« und ihn für geringer achten sollen, als er ist; doch ebensowenig sollten wir ihn überschätzen, sondern ihm seinen angemessenen Platz in unserer gesamten Persönlichkeit zuweisen.

Seltsamerweise heißt es ja, daß wir im Westen »verstandesbetont« seien – diese Behauptung haben natürlich Menschen aus dem

Westen aufgestellt. Doch wenn wir die Kriege, die zunehmende Verflachung der Gefühle und die Zerstörung unserer Umwelt betrachten, kann von einer übertriebenen Betonung der Vernunft wohl nicht die Rede sein! Es ist eben nicht die Vernunft, die eine so große Rolle bei uns spielt, sondern eine bestimmte, analytische, die Gefühle und das nicht Analysierbare mißachtende Sicht der Dinge, die den Irrweg des westlichen Denkens ausmacht. Diese Art des Denkens ist es, die Lao Tse verwirft.

Die Vollkommenheit des Geistes ist das Ziel der geistigen Ruhe, der Klarheit der Gedanken und Gefühle. Noch bedeutsamer aber ist vielleicht, daß Gedanken und Gefühle, Wunsch und Wille, im Einklang sind.

Eigentlich müßte es klar sein, daß etwas nicht stimmen kann, wenn unsere Gefühle unseren Gedanken widersprechen und umgekehrt. Sollen wir unseren Gefühlen vertrauen oder unserem Verstand? Beidem! Wenn unser Geist nicht in Harmonie ist, trennen sich Gedanken und Gefühle. Wir *denken*, daß wir das eine tun sollten, *fühlen* aber, daß wir etwas anderes tun wollen. Auf das Denken zu hören, das den Gefühlen widerspricht, führt zu Unzufriedenheit, Gefühlsverarmung und Krankheit; auf Gefühle zu hören, die dem Denken widersprechen, führt zu Krieg, Verbrechen und geistigen Irrwegen.

Die Einheit der Gefühle und Gedanken ist mehr, als Gedanken und Gefühle zusammen. Wenn unser Geist *eine* Kraft ist, anstatt sich in mehrere, sich widersprechende Teile zu spalten, ist er eine Energie, die Berge versetzen kann.

Die Intuition ist eine der Fähigkeiten, die der Harmonie des Geistes entspringen. Intuition ist, entgegen einem weitverbreiteten Mißverständnis, aber eben *nicht* irrational, sondern eine ganzheitliche Fähigkeit. Wenn wir über eine gute Intuition verfügen, »denken wir mit den Gefühlen« – Gefühle und Gedanken widersprechen sich nicht, sondern ergänzen sich. Unser Geist vermag Unglaubliches – wenn er nicht gegen sich selbst kämpft!

Ein Kennzeichen der geistigen Harmonie ist das Gefühl des »inneren Lächelns«; das Gefühl, über den Dingen zu stehen, von wechselhaften Ereignissen nicht aus dem Gleichgewicht geworfen zu werden. Die so oft erwähnte Ausstrahlung der sagenhaften taoistischen Meister beruht auf diesem »inneren Lächeln«.

Der Weg der Vollkommenheit des Geistes ist allen großen geistigen Traditionen bekannt. Er führt über die Meditation.

Aber was ist Meditation eigentlich?

Meditation stellt sich immer dann von selbst ein, wenn die ständig fließenden, unruhig umherirrenden Gedanken aus irgendwelchen Gründen zur Ruhe kommen und einer Klarheit und Stille im Geiste Raum geben. Meditation ist kein »Träumen«, keine Entspannung, sondern »Sammlung« – die Sammlung aller geistigen Kräfte und damit die Einheit dieser Kräfte.

Meditation ist ein Zustand, der wohl jedem Menschen bekannt ist, der einmal verzaubert einen Sonnenuntergang bewunderte, der in der Betrachtung eines besonders schönen Gemäldes versank, einer die Seele berührenden Musik, dem morgendlichen Gesang der Vögel im Wald lauschte, der als Kind so in sein Spiel vertieft war, daß er die Rufe der Mutter nicht hörte – immer dann war er nämlich, ohne es zu wissen, in einem Zustand der Meditation.

Eine der Voraussetzungen der Meditation ist die Konzentration. In der konzentrierten Hinwendung auf ein bestimmtes Objekt sammeln wir unsere geistigen Kräfte, werden allmählich ruhig und beenden die alltägliche Zerstreuung unserer Gedanken. Es ist jedoch keine angespannte Konzentration, kein Bemühen; in unseren oben angeführten Beispielen wird das deutlich. Wenn wir von einem Sonnenuntergang verzaubert sind, *bemühen* wir uns ja nicht um diese Verzauberung, wir müssen uns nicht anstrengen, unseren Geist auf das wunderbare Naturschauspiel zu richten – wir tun es einfach, es geschieht.

Das ist natürlich für den Anfänger in der Meditation nicht leicht: er *will* ja meditieren, doch das Wollen richtet sich gerade dagegen. Alle Schulen der Meditation kennen das Problem und insofern gibt es verschiedene hilfreiche »Techniken«, um den Zustand der Meditation zu erreichen. In einem späteren Kapitel werden wir die taoistische Meditation vorstellen und üben.

Vielleicht ist die Meditation das größte Geheimnis der taoistischen Unsterblichkeit. Unser Geist ist die lenkende Instanz unseres gesamten Selbst. Durch die gesammelte Kraft unseres Geistes können wir alle Aspekte unseres Seins auf unser Ziel, die taoistische

Unsterblichkeit richten. Doch so, wie Gedanken und Gefühle in Wahrheit eine Einheit sind, so ist auch unser Geist nicht von unserer Seele und unserem Körper zu trennen. Auch der Weg der Vollkommenheit des Geistes ist nicht *der* Weg.

Die Sammlung unserer geistigen Energie wird durch einen gesunden Körper unterstützt und durch die Harmonie aller Kräfte des Menschen gefördert – aber eine Entwicklung der geistigen Energie bewirkt wiederum ihrerseits, daß sämtliche Kräfte des Menschen auf das eine Ziel hin ausgerichtet werden können, und auch unsere Gesundheit profitiert von einer geistigen Ruhe und Klarheit.

Gerade die Wirkungen von Meditation auf die Gesundheit sind heute gut erforscht. Einen Teil hat die Streßforschung beigetragen. Eine Ursache für gesundheitliche Probleme ist praktisch immer Streß – nicht unbedingt starker, kurzfristiger Streß, sondern mindestens ebenso die kleinen, kaum als belastender Streß wahrgenommenen »Ärgernisse des Alltags«. Diese »Mikro-Stressoren« schwächen das Immunsystem und bringen die Energien aus dem Gleichgewicht: so wird Krankheiten die Tür zu unserem Körper geöffnet. Mit Hilfe von Meditation und Entspannungsübungen können die negativen Folgen der alltäglichen Mikrostressoren aufgefangen werden und im Laufe der Zeit können wir sogar eine Art Immunität gegen den Streß entwickeln.

Auf diese Art und Weise ist die Suche nach der Vollkommenheit des Geistes ein wichtiger Schritt auf dem Weg zu langem Leben, Gesundheit – und der Unsterblichkeit.

Die Vollkommenheit der Energie

Wenn wir hier immer wieder von »Energie« sprechen, so sollten wir uns darüber im klaren sein, daß der Begriff der Energie in der chinesischen Philosophie und Medizin nicht mit dem uns bekannten physikalischen Begriff gleichgesetzt werden sollte. Der physikalische Energiebegriff bezeichnet die »Fähigkeit eines Systems, Arbeit zu verrichten«, wobei die physikalische Arbeit das »Produkt aus der an einem Körper oder Massenpunkt angreifenden Kraft F und dem unter ihrer Einwirkung von ihm zurückgelegten Weg s« ist. Dieser engen Auffassung von Energie steht eine umfassendere

Auffassung gegenüber, nach der Energie ganz allgemein eine »Wirkkraft«« (die ursprüngliche Bedeutung des altgriechischen Wortes ενεργεια) ist; das muß aber nicht unbedingt eine physikalische Kraft sein, sondern kann ebenso auch eine geistige, seelische, emotionale, spirituelle oder ganzheitlich ansetzende Kraft sein.

Auf dieser zweifachen Vorstellung von Energie beruhen viele Mißverständnisse, z.B. bei der Akupunktur und anderen Methoden der chinesischen Medizin. In der chinesischen (aber auch indischen) Medizin dreht sich viel um die Verteilung und den Fluß der unterschiedlichsten Energien im Menschen. Wenn sich nun westliche Wissenschaftler und Laien daranmachen, diese Energien als Ströme, Nervenbahnen oder ähnliches aufweisen zu wollen, so ist dieses Unternehmen von Anfang an zum Scheitern verurteilt: Die Energien, von denen wir sprechen, sind keine physikalischen Ströme! Ebensowenig wie die vom EEG (Elektroenzephalogramm) gemessenen Hirnströme Gedanken sind, so wenig sind die in den Nervenbahnen gemessenen Ströme oder die Veränderung des Hautwiderstands mit den Energien, die wir hier meinen, gleichzusetzen.

Die Wirkung dieser Energien ist jedoch durchaus feststellbar, nur eben, ihrer vielfältigen und ganzheitlichen Kraft gemäß, nicht durch so einfache Mittel wie eine physikalische Apparatur.

In China und Indien sind umfassende »Systeme« von der Verteilung der Energien entwickelt worden. Gerade die chinesische Medizin kennt eine Unzahl verschiedener Energiebahnen (die wichtigsten sind die sogenannten *Meridiane* der Akupunktur) und viele verschiedene Energiezentren, in denen sich die Energie sammelt und die sozusagen das »Energiereservoir« des Menschen bilden.

Diese Energiezentren sind anatomisch nicht nachweisbar. Daraus zu schließen, daß sie nicht real sind, wäre sehr voreilig. Der Schwerpunkt des menschlichen Körpers (der übrigens im unteren *Dantien*, einem der wichtigsten Energiezentren, liegt) ist ebensowenig anatomisch auffindbar und herauszupräparieren, wie die Energiebahnen und Energiezentren, die die östlichen Lehren kennen – und doch unbezweifelbar vorhanden!

Für die chinesische Medizin ist die Kenntnis dieser Energielehren hilfreich, um Diagnosen zu stellen und Disharmonien und

Krankheiten zu heilen. Im Grunde genommen sind diese Systeme viel zu detailliert, denn in Wirklichkeit verlaufen die Energiebahnen bei keinem Menschen völlig gleich und es bedarf wesentlich mehr der Intuition, als des erlernten Wissens über diese Energiebahnen. Deshalb zeigt jedes Lehrbuch der Akupunktur die Meridiane ein wenig anders und auch die Akupunkturpunkte unterscheiden sich zum Teil beträchtlich.

Ein guter chinesische Arzt verläßt sich daher viel mehr auf seine Erfahrung und sein Gespür, als auf sein rationales Wissen über Meridiane und Akupunkturpunkte.

Das Geheimnis der taoistischen Unsterblichkeit wird durch das Auswendiglernen von Systemen nicht gelüftet werden können, sondern trägt eher dazu bei, den Geist zu verwirren und vom Wesentlichen abzulenken. Das Wesentliche jedoch, die Harmonie, der Fluß und die richtige Verteilung der Energien, spielt eine um so größere Rolle. Das Ziel der Vollkommenheit der Energie ist es, eine energetische (geistige, seelische, körperliche, spirituelle) Harmonie zu erreichen.

Das klingt zunächst einmal sehr theoretisch und kompliziert, aber das ist es nur, wenn wir uns an die Worte klammern. Die taoistischen Meister haben Übungen entwickelt, die die Verteilung und Harmonisierung der Energien fördern. Diese Methoden sind unter der Bezeichnung »Inneres Qi Gong« bekannt. In einem großen Teil dieser Übungen werden Visualisierungen verwendet – eine Technik, die auch die moderne Medizin nutzt, insbesondere die Psychoneuroimmunologie, über die wir weiter oben schon gesprochen haben.

Das Innere Qi Gong dient dazu, die Energien zu sammeln, zu verteilen und – in der höchsten Stufe – die Energien zu harmonisieren und zu einer Kraft zusammenzuführen. Das Innere Qi Gong führt zu einer Steigerung aller Kräfte, verbessert die Gesundheit und die geistige Klarheit, bedarf aber einer einigermaßen stabilen körperlichen Gesundheit, um voll wirken zu können. Für die Behandlung schwerwiegender Erkrankungen, wie beispielsweise Krebs, ist es daher besser, erst die körperlichen Kräfte – z.B. mit den Mitteln der westlichen Medizin – künstlich zu verstärken, bevor man mit den Übungen des Inneren Qi Gong beginnt, die dann die Wurzel der Krankheit von innen her auflösen. Eine weitere Voraussetzung für die Übung des Inneren Qi Gong ist eine gewisse geistige Klarheit, die notwendig ist, um die Verteilung der Energien zu lenken.

Auch der Weg der Vollkommenheit der Energie ist somit, obwohl er an einem Aspekt ansetzt, ganzheitlich – ein Teil des großen Ganzen, der das Ganze widerspiegelt.

Die Vollkommenheit der Gesundheit

Es ist gar nicht so leicht zu sagen, was Gesundheit eigentlich ist. Ist Gesundheit die Abwesenheit von Leid? Das scheint recht vernünftig zu klingen – doch was ist mit einem Sterbenden, der mit Morphium von seinen Leiden befreit wird? Man könnte ihn wohl kaum als gesund bezeichnen! Es muß also noch mehr Aspekte für die Definition von Gesundheit geben; nicht so sehr etwas lediglich Passives, wie die Abwesenheit von Leid, sondern auch etwas Aktives.

In gewisser Weise könnte man sogar behaupten, daß paradoxerweise auch Krankheiten zur Gesundheit gehören, wenn sie natürliche, *gesunde*, Reaktionen auf bestimmte Vorgänge sind.

Der Begriff der Gesundheit ist im Grunde ein Ideal, nämlich das Ideal der vollkommenen Gesundheit. Die vollkommene Gesundheit kann dabei nie etwas Statisches, einmal Erreichtes sein, sondern ist ein dynamisches Gleichgewicht, ein gesundes Reagieren auf innere und äußere Geschehnisse – also etwas wirklich Ganzheitliches. Dieses dynamische Gleichgewicht zu suchen heißt, dem Tao folgen. Dem Tao folgen heißt: gesund sein. Oder prosaischer ausgedrückt: Wenn »alles funktioniert«, ist man gesund – wenn alle Organe das tun, was sie tun sollen, wenn der Geist klar und das Herz warm ist.

Das harmonische Gleichgewicht kann nicht einfach vorhanden sein, sondern muß ständig neu gesucht werden. Nur wenn das Wechselspiel von innen und außen funktioniert, wenn auf die richtigen Ereignisse die richtigen Reaktionen folgen, besteht der Zustand der vollkommenen Gesundheit.

Das sagt sich noch einigermaßen leicht; doch wie geht das praktisch? Wie erreichen wir die vollkommene Gesundheit?

Die gesunden Reaktionen des Körpers, die Heilreaktionen und das Auffinden des Gleichgewichts können durch Übung und Ernährung unterstützt werden: die sogenannte »äußere Alchemie« des Taoismus. Die Übungen, die vorrangig der Erhaltung und Verbesserung der Gesundheit und der Kräftigung des Körpers dienen, sind in den letzten Jahren auch bei uns sehr populär geworden – sie sind unter dem Sammelbegriff »(Äußeres) Qi Gong« bekannt.

Äußeres Qi Gong ist eine Art Gymnastik, aber mehr als das. Es werden zwar Muskeln bewegt, doch auch der Atem, die geistige Haltung, und das Fließende der Bewegung sind wichtige Bestandteile von Qi Gong. Das heißt: »Bestandteile« trifft es nicht, denn nähme man eine dieser Komponenten fort, wäre es nicht mehr Qi Gong. Der Vergleich mit der Gymnastik zeigt, daß viele Bestandteile taoistischer Übungen sich als herausgelöste Einzelmethoden bei uns wiederfinden. Der große Nutzen selbst dieser verhältnismäßig unbedeutenden Teile wird von unserer Wissenschaft hoch eingeschätzt – die ganzheitlichen Methoden und ihre Auswirkungen auf den *ganzen* Menschen dagegen können wissenschaftlich nicht so einfach untersucht werden und werden daher noch mit einiger Skepsis betrachtet.

Doch wenn schon allein die körperliche, ruhige Bewegung unbezweifelt starke vorteilhafte Wirkungen auf unseren Bewegungsapparat, auf unsere Muskeln, Bänder, Knochen und Gelenke hat: sollte nicht klar sein, daß wenn dazu noch Atemübungen, meditative Techniken und eine Ausbildung der Kontrolle über den Körper als Einheit kommen, diese Methode phantastische Möglichkeiten für die Erhaltung und Verbesserung der Gesundheit bietet?

Qi-Gong-Übungen sind in China fast eine Selbstverständlichkeit. Jeden Morgen finden sich Millionen von Chinesen in den Parks, um sich mit Qi Gong fit zu halten. In China ist es auch durchaus üblich, Qi Gong in Krankenhäusern einzusetzen, insbesondere bei schweren und chronischen Krankheiten. Auch bei uns im Westen gehört Qi Gong zu den beliebtesten Übungsformen und hat Millionen von begeisterten Anhängern gefunden.

Der Siegeszug des (äußeren) Qi Gong ist leicht zu verstehen: Qi Gong setzt an dem Aspekt unseres Selbst an, mit dem wir in der Regel am besten vertraut sind, schon allein deshalb, weil er am »handgreiflichsten« ist – an unserem Körper. Veränderungen werden wir unmittelbar bemerken, und auch der direkte »Nutzen«, die positive Wirkung auf Krankheiten und Beschwerden, trägt zur Popularität des (äußeren) Qi Gong bei.

Bei unserer Suche nach Unsterblichkeit werden wir selbstverständlich auch die Hilfe dieser bewährten Übungen heranziehen. Im Kapitel »Die Bewegungen der Fünf Tiere« stellen wir eine der ältesten und interessantesten Qi-Gong-Übungen vor.

Wenn wir vom Weg der vollkommenen Gesundheit sprechen, müssen wir aber auch über die rechte Ernährung sprechen. Die Nahrung ist nicht nur der Brennstoff, den wir zum Leben benötigen; unser gesamter Körper bildet sich ja letztlich durch das, was wir mit unserer Nahrung in uns aufnehmen. Nun kann aber nicht jede Nahrung für jeden Menschen gleich gut sein. Jeder Mensch ist verschieden, und die Liste der Nahrungsmittel, die uns jeweils förderlich und schädlich sind, unterscheidet sich von Mensch zu Mensch beträchtlich. Das ist im übrigen auch der Grund dafür, daß sämtliche Diäten mit Erfolgen und Mißerfolgen aufwarten können; denn für manche Menschen sind sie vielleicht genau das richtige Mittel, um das Gewicht zu normalisieren, während sie bei anderen Menschen nur unangenehme Empfindungen auslösen.

Die taoistische Lehre von der Ernährung der Fünf Elemente berücksichtigt die Individualität des Menschen und unterstützt seine Intuition bei der Suche nach der ihm zuträglichen Ernährung. Auch diese scheinbar rein materielle Methode hat Auswirkungen auf den Geist und die harmonische Verteilung der Energie, ist also keineswegs rein körperlich, sondern ganzheitlich. Von der Ernährung nach den Fünf Elementen und den neuesten Erkenntnissen über die Bedeutung der Vitamine als »Lebenselixiere« werden wir in einem eigenen Kapitel noch ausführlich sprechen.

Auf dem Weg zur vollkommenen Gesundheit benötigen wir also die Übung und die rechte Ernährung – unsere Gesundheit bessert sich, aber auch die energetische Harmonie und die geistige Klarheit.

In höheren Stufen des »äußeren« Qi Gong gelangen wir zur Meditation in der Bewegung und beginnen damit, die drei Wege der Vollkommenheit zu einem zusammenfließen zu lassen.

Die drei Wege zu einem machen

Alle drei Wege, Meditation, äußeres Qi Gong und inneres Qi Gong, haben in China eine lange Tradition. Alle diese Methoden helfen uns, unsere schlummernden Fähigkeiten zu wecken, unsere Gesundheit zu festigen und zu einer inneren Zufriedenheit zu finden.

Im Laufe der Zeit bildeten sich in China eine Reihe von »Schulen« aus, die jeweils eine Methode bevorzugten und sie über alle anderen stellten. Das Geheimnis der Unsterblichkeit erschließt sich jedoch erst mit der Erkenntnis der Einheit der drei Wege zur Vollkommenheit.

Alle drei Wege führen zum Tao; doch erst wenn sie eins werden, sind wir auf dem richtigen Weg. Das Geheimnis der taoistischen Alchemie ist die Erkenntnis, daß alles nur Aspekte des Tao sind – keiner der drei Wege zur Vollkommenheit, ja selbst alle drei Wege zusammen sind nicht *der* Weg. Zwar streben wir zunächst nach Vollkommenheit des Körpers *und* des Geistes *und* der Energie, doch das Ziel ist die Einheit: die Vollkommenheit der Einheit Körper–Seele–Geist.

Die Erkenntnis der Einheit ist keine ausschließlich intellektuelle Erkenntnis. Daß Körper, Seele und Geist eine Einheit sind, daß der Weg zu einer wirklichen Vervollkommnung unser *ganzes* Selbst umfassen muß, wird vielen Menschen nach ein wenig Überlegung einleuchten. Doch das »Einleuchten« ist noch keine »Erleuchtung«. Das, was östliche Lehren als »Erleuchtung« bezeichnen, ist ein ganzheitliches Erleben, das heißt, in allem das Eine erkennen, egal, was man tut, dem Tao zu folgen. Dies ganzheitliche Erfassen, das über Worte hinausgeht, scheint ganz plötzlich zu erfolgen.

Doch wenn auch die Erkenntnis ganz plötzlich eintritt, so wird sie doch durch all die Methoden, über die wir gesprochen haben und die wir im Laufe des Buches beschreiben werden, vorbereitet.

Nun ist es an der Zeit, daß wir uns der Praxis zuwenden und nach und nach lernen, unsere geistige, körperliche und seelische Energie wahrzunehmen, bedeutsame Energiezentren unseres Körpers zu entdecken, unseren Atem zu lenken, unsere Nahrung bewußt und sinnvoll einzusetzen, eine der ältesten Qi-Gong-Übungen und das Geheimnis der taoistischen Meditation kennenzulernen.

Die Übungen

正確練功

In diesem Teil wollen wir den Weg zur vollkommenen Gesundheit und Unsterblichkeit auch praktisch beschreiten. Aus der Unzahl von Übungen, die die verschiedenen Schulen des Taoismus hervorgebracht haben, haben wir die wirksamsten, effektivsten und wichtigsten ausgewählt, d.h. solche, die dem Ziel der Vereinigung der Energien und dem Erreichen der Vollkommenen Gesundheit und Unsterblichkeit dienen. Weiterhin haben wir darauf geachtet, keine Übungen aufzunehmen, deren Wirkungen rein spekulativ sind, sondern nur solche, die sich auf Beobachtungen und Erfahrungen stützen können.

Die Übungen werden nacheinander vorgestellt und beschrieben: Zunächst einige Vorübungen zum Erfassen der Drei Kräfte, Übungen zur Kultivierung des *ching* innerhalb der sexuellen Alchemie, danach Übungen zur Steuerung des *ch'i* und zur Sammlung und Verschmelzung der Energien, weitergehend die Qi-Gong-Übungsfolge »Die Bewegungen der Fünf Tiere« und eine Anleitung zur Taoistischen Meditation. Schließlich werden wir auch die »äußere Alchemie« berücksichtigen, indem wir die Ernährung nach den Fünf Elementen erklären und über die Bedeutung der Vitamine als »Rüstung« gegen den Alterungsprozeß sprechen.

Wir empfehlen, die Übungen zunächst einmal nur zu lesen und vielleicht kurz auszuprobieren. Im letzten Teil des Buches, in dem wir die Veränderungen beschreiben, die durch beständiges Üben zu erwarten sind, werden wir auch über die richtige Reihenfolge, die notwendige tägliche Übungsdauer und die Anzeichen der »Reife« für die jeweils folgende Stufe sprechen. Im Anhang findet sich darüber hinaus ein tabellarischer Übungsplan.

Bevor wir nun mit den Übungen beginnen, noch ein wichtiger Rat: Es ist sinnvoll, sich nicht nur von den Beschreibungen der Übungen leiten zu lassen, sondern vor allem von der Intuition – eine Erklärung mag ungenau erscheinen oder falsch verstanden werden. Die Intuition wird uns jedoch vor Irrwegen bewahren!

Die Drei Energien

三力

Wir setzen oder legen uns ruhig hin und schließen die Augen: Was nehmen wir wahr, wenn wir in uns hineinspüren?

Körperliche Empfindungen, kleine unwillkürliche Muskelbewegungen, die Haltung des Körpers, vielleicht den Herzschlag und die Tätigkeit der Verdauung, den Atem, Gedanken und Bilder, die kurz die Oberfläche des Bewußtseins streifen, Gefühle, die momentane Stimmungslage, und so manches andere. Wenn wir etwas geübt darin sind, in uns hineinzuhören, können wir verschiedene Qualitäten der Empfindung unterscheiden. Empfindungen, die mit dem Körper zusammenhängen, Bilder und Gedanken, und Stimmungen, die weder in Bilder noch in Worte zu fassen sind. Alle diese Empfindungen bewirken etwas in uns; wir können sie also als Energien, als Wirkkräfte, auffassen: als körperliche, geistige und seelische Energie.

Was es mit diesen Energien auf sich hat, wie wir Ordnung in das Chaos der Empfindungen bringen und sie harmonisch zusammenwirken lassen können, werden wir in diesem Kapitel besprechen.

Das Wesen der Energie

Wir haben gerade zwischen körperlicher, geistiger und seelischer Energie unterschieden. Wir könnten auch danach unterscheiden, worauf sich die verschiedenen Energien beziehen: physische Energie auf Materie oder auch physikalische Ströme; die geistige Energie auf Bewegung, Gedanken und Gefühle; die seelische oder spirituelle Energie auf Ideen und Formen.

Für die Theoriegebäude der westlichen Philosophie sind solche relativ klaren Gliederungen nützlich; den chinesischen Weisen ging es jedoch schon immer mehr um die Praxis: was hilft die Klarheit der Unterscheidung, wenn wir damit nichts anfangen können, wenn sie uns nicht in unserer Entwicklung weiterbringt?

Die chinesischen Vorstellungen sind immer etwas komplexer und umfassender als unsere; rein intellektuell sind sie deshalb mitunter etwas schwierig zu erfassen – doch eben nur, wenn man die Erkenntnis ausschließlich mit dem Intellekt sucht.

Wenn wir beispielsweise unseren Planeten aus dem Weltall betrachten würden, wären aus geringer Entfernung zwar Details zu sehen, doch je mehr Einzelheiten wir erkennen könnten, desto weniger wären wir in der Lage, unseren wunderbaren Planeten in seiner großartigen Ganzheit zu erkennen. Wenn wir jedoch ein wenig Abstand gewinnen, sehen wir statt der Einzelheiten die Zusammenhänge. Keine der beiden Perspektiven ist dabei *falsch*! Die nahe, eingehende Untersuchung bringt interessante Erkenntnisse, doch die Ganzheit erfassen können wir auf diese Art und Weise nicht. Wie wir an unserem Beispiel erkennen können, *sehen* wir auch aus der die Zusammenhänge erfassenden Perspektive keineswegs wirklich das Ganze: Doch wir können durch Bewegung und den Wechsel unserer Position das Ganze *erkennen*.

Um wieder auf die Energien zu sprechen zu kommen: Auch die chinesische Wissenschaft kennt drei Energien. Diese sind allerdings nicht so einfach zu definieren. In diesem Kapitel werden wir versuchen, das Wesen der drei Energien, *ching*, der Essenz oder zeugenden Kraft, *shen*, der geistigen Kraft oder des höheren Bewußtseins und *ch'i*, des Atems, der kosmischen Energie oder der vereinigenden Kraft zu ergründen und an uns selbst durch einige Übungen zu erfahren.

Ching – die Essenz

Das *ching* der chinesischen Wissenschaften wird meist mit »Essenz« übersetzt. Diese Essenz ist die leibliche Grundlage unseres Wesens, die Kraft, die unseren Körper erhält, aber auch die kreative, zeugende Kraft. Insofern hat *ching* ebenso einen sexuellen Aspekt: ching ist besonders konzentriert in der Samenflüssigkeit und in den entsprechenden weiblichen Flüssigkeiten.

Um die Verwirrung noch ein wenig zu vergrößern, hier noch ein paar andere Begriffe, die in der chinesischen Vorstellung das Wesen von *ching* symbolisieren: der »Mond«, das Element »Erde«, das »Weibliche« und die »Nachgiebigkeit«. Darüber hinaus ist *ching* eine Yin-Kraft und taucht in der taoistischen Alchemie als »Zinnober« auf.

Was können wir mit diesen Symbolen anfangen? Die symbolhafte und assoziative Sprache des Taoismus hat selbst in China häufig zu Mißverständnissen Anlaß gegeben. So gab es immer wieder ehrgeizige Menschen, die das Geheimnis der taoistischen Unsterblichkeit ergründen wollten, alle alten Schriften studierten und dabei die Anweisungen der taoistischen Alchemie, »Zinnober und Blei« zu verschmelzen, wörtlich nahmen, und mit diesen Substanzen »Unsterblichkeitspillen« zusammenbrauten, die allerdings keineswegs die Unsterblichkeit schenkten, sondern ganz im Gegenteil ein vorzeitiges Ableben der Alchemisten zur Folge hatten.

Über die Symbole nachzu*denken* wird uns nicht weiterbringen; wir können aber lernen, ihre Bedeutung nachzu*fühlen*. Das können wir ganz einfach ausprobieren: indem wir uns nacheinander ein Bild von all den aufgeführten Symbolen machen und dabei darauf achten, was alle diese Dinge in uns auslösen; besonders auf das Gemeinsame, ein nicht in Worte zu fassendes Gefühl, das all den genannten Symbolen gemeinsam zukommt.

Da uns Worte ohnehin nicht allzuviel weiterhelfen, werden wir nun in einer ersten Übung versuchen, die essentielle Energie, *ching*, im Körper zu spüren. Über einen der wichtigsten Aspekte von *ching*, die sexuelle Energie, werden wir in einem späteren Kapitel noch sprechen. Vorerst wollen wir üben, uns dem Wesen von *ching* über körperliche Spannung zu nähern und gleichzeitig intuitiv zu lernen, *ching* besser im Körper zu verteilen und dadurch an Standfestigkeit und Ausdauer zu gewinnen.

Übung zum Spüren von *ching*

Stehen ist keine sonderlich anstrengende Tätigkeit, wenn wir halbwegs gesund sind. Also beginnen wir gleich damit. Die Beine stellen wir mit ein wenig Abstand nebeneinander. Da uns das noch nicht besonders beansprucht, heben wir nun noch die Arme vor unseren Körper, so, als würden wir unsere Arme um einen Baum schlingen.

Schließen wir nun die Augen und spüren wir, wie wir noch bequemer stehen könnten (aber natürlich weiterhin mit gehobenen Armen!). Wir ändern dann unsere Position dementsprechend. Am besten ist, wenn wir ein wenig herumexperimentieren, bevor wir weitermachen.

Der wichtigste Aspekt unserer Haltung ist die Wirbelsäule; sie bildet den bedeutendsten Teil des Stützgerüstes unseres Körpers. Um sie in eine möglichst günstige Position zu bringen, d.h. in eine Position, in der kaum Muskelarbeit notwendig ist um sie aufrecht zu halten, ist es nötig, ein wenig zu »sinken«, also leicht in die Knie zu gehen und das Becken nach vorne zu kippen. Dadurch wird die Krümmung unserer Lendenwirbelsäule geringer. Gleichzeitig begradigen wir durch die Haltung unseres Kopfes die Halswirbelsäule. Hilfreich ist dabei die Vorstellung, an unserem Scheitel sei ein Faden befestigt, der unseren Kopf hält.

Wenn wir diese Stellung gefunden haben, werden wir spüren, daß wir lockerer sind und fester, sicherer und bequemer stehen. Vielleicht spüren wir sogar, daß entlang unserer Wirbelsäule eine Art angenehmer Strom fließt – in diesem Fall nehmen wir bereits einen der drei wichtigen Energiekanäle wahr, über die im übernächsten Kapitel ausführlicher die Rede sein wird.

Wir stehen also mit erhobenen Armen und gerader Wirbelsäule.

Allmählich dürften jetzt die (hoffentlich immer noch gehobenen) Arme schwer werden. Das muß aber keineswegs so sein: Es bedarf keiner besonderen Muskelkraft für diese Übung, wenn die *ching*-Energie richtig verteilt ist.

Jetzt beginnt die eigentliche Übung: Wir versuchen herauszufinden, welche Spannungen die Haltung unbequem machen. Nach einer Weile ist relativ leicht spürbar, wo sich Blockaden befinden. Wir probieren, ob wir sie auflösen können; doch sollten wir dabei keinen allzu großen Ehrgeiz entwickeln und nicht versuchen, uns allzusehr zu bemühen, wenn uns unsere Muskeln deutlich sagen, daß es ihnen zuviel wird. Es ist anfangs nicht so einfach; doch im Laufe der Zeit, wenn wir in weiteren Übungen gelernt haben, den Fluß der Energien zu steuern, wird diese erste Übung wirklich sehr leicht erscheinen.

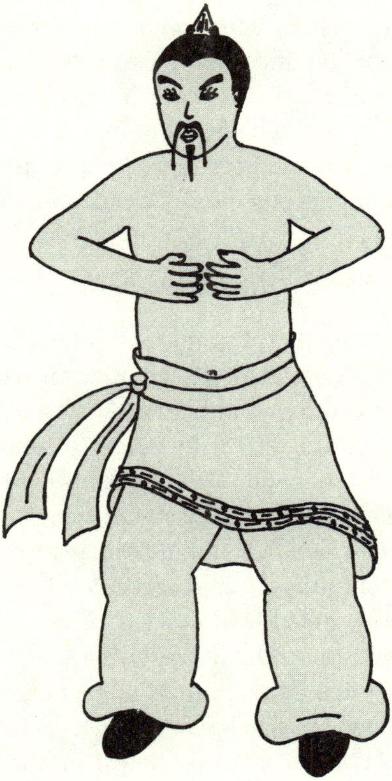

In taoistischen und buddhistischen Klöstern wird diese Haltung geübt, um das *ch'i* (eine weitere Form der Energie, über die wir weiter unten sprechen werden) zu lenken. Dabei stehen die Meditierenden bis zu einer Stunde in dieser Haltung – ohne daß die

Muskeln schmerzen. Wenn das *ching* richtig verteilt ist, wird die Haltung keine Schwierigkeiten bereiten. Das heißt auch, daß es dem Sinn der Übung ganz widerspricht, die Haltung mittels *Willenskraft* zu halten!

Für uns dient diese Übung vorerst nur dazu, sich dieser Form der Energie bewußter zu werden. Dazu ist es nicht nötig, stundenlang in der Haltung zu verharren – wir sollten aber versuchen, uns allmählich in dieser Position bis zu zehn Minuten lang wohl zufühlen und damit dem Wesen von *ching* näherzukommen.

Diese Übung scheint sehr einfach zu sein, aber das sollte uns nicht dazu verleiten, ihre Bedeutung zu unterschätzen. Wenn wir bei der Übung versuchen, dem Schmerz auszuweichen, die optimale Haltung zu finden und darauf achten, *was* wir tun, so versuchen wir genau das zu tun, was uns schließlich zur vollkommenen Gesundheit und Unsterblichkeit führen wird: Wir lernen, schädlichen Kräften (wie Schmerzen) auszuweichen, anstatt uns mit dem Willen in einen Kampf gegen die eigene Natur zu stürzen.

Shen – die lenkende Kraft

Die zweite der chinesischen Energien ist *shen*. *Shen* wird meist als »geistige Kraft« übersetzt; darunter können wir alle Arten geistiger Möglichkeiten, Bewußtsein und Unterbewußtsein, Wahrnehmung, Gedanken und Gefühle verstehen. *Shen* ist aber auch die »lenkende Kraft«, die Energie, die Bewegungen – geistigen wie körperlichen – die Richtung gibt und sie steuert; auch die Funktion der Wahrnehmung hängt mit *shen* zusammen. Symbole, die mit *shen* in Verbindung gebracht werden, sind »Sonne«, »Feuer«, das »männliche Prinzip«, »Yang« und »Blei«.

Wenn wir uns nun ein Bild all dieser Symbole machen, können wir möglicherweise ein gemeinsames und übergreifendes Prinzip erkennen. Doch auch bei der geistigen Energie hilft das Nachdenken nicht viel. Wir müssen an uns selbst erfahren, was *shen* ist, wenn wir nicht nur darüber sprechen, sondern eine tatsächliche Erkenntnis gewinnen möchten.

In der folgenden Übung wollen wir einfach nur die geistigen Bewegungen aufmerksam betrachten und die Ungeordnetheit der Gedanken und Gefühle, Wahrnehmungen und Stimmungen spüren. Diese Übung ist eine Vorübung zur taoistischen Meditation. Dieser Meditation selbst, die eines der wichtigsten Hilfsmittel auf unserem Weg zur Unsterblichkeit ist, haben wir selbstverständlich ein eigenes Kapitel gewidmet.

Übung zum Spüren von *shen*

Diese Übung können wir machen, wann immer wir die Möglichkeit haben unsere Aufmerksamkeit nach innen zu richten, also wenn wir nicht gerade intensiv auf andere Dinge achten müssen. Wir müssen dazu keine besondere Haltung einnehmen und benötigen auch keine sonstigen Vorbereitungen.

Unser erstes Ziel bei dieser Übung ist es, genauer zu beobachten. Alles, was wir vorerst tun, ist, uns selbst zuzuhören – Gedankenfetzen tauchen auf, wir nehmen unsere Umgebung oder – wenn die Augen geöffnet sind – innere Bilder wahr. Wir spüren auch unseren Körper und unsere Bewegungen – und wenn wir darauf achten, spüren wir auch, daß wir etwas spüren. Wenn wir darauf achten, was unsere Gedanken tun, spüren wir auch das.

Wenn wir nun genau aufpassen, sehen wir, daß sich immer wieder »unendliche Spiralen« bilden: Wir beobachten, daß wir uns beobachten, wie wir uns beobachten... Mit geistigen Bewegungen, die wir in der Regel eher unseren Gefühlen oder bildhaften Vorstellungen zuordnen, verhält es sich ähnlich. Auch sie verändern sich oft durch das Beobachten.

Wir sollten nun nicht versuchen, diese Kreisläufe zu durchbrechen, oder einzugreifen, sondern einfach zusehen, wie sie von selbst wieder verschwinden und anderen Geistesbewegungen Platz machen.

Versuchen wir nun alles, was in uns auftaucht, für einige Augenblicke festzuhalten. Richten wir dazu unser *Interesse*, nicht unseren *Willen* auf die geistigen Vorgänge! Die Übung sollte nichts Anstrengendes an sich haben.

Wir wollen das genauer beobachten: Richten wir unsere Konzentration mit aller Willenskraft auf *einen* Gedanken und beobachten wir dabei, was in uns vorgeht. Wahrscheinlich spüren wir die Anstrengung, aber vielleicht auch, daß das Ganze wenig effektiv erscheint, daß die geistige Energie gewissermaßen »zäh« fließt.

Versuchen wir nun den umgekehrten Weg: Wir folgen mit unserer Konzentration unserem Interesse. – Ist es nicht ziemlich deutlich, welchen Unterschied das macht?

Kräfte mit dem Willen zu *bewegen* führt hauptsächlich zu Anstrengung. Doch wenn wir die sich ohnehin bewegenden Energien mit dem Willen *lenken*, ohne in die Bewegung selbst einzugreifen, gelangen wir wie von selbst zu unseren Zielen. Wenn wir an etwas *interessiert* sind, arbeitet unser Willen mit *shen*, anstatt dagegen.

Um dies zu erreichen, ist schon etwas Erfahrung notwendig. Im Laufe dieses Buches, insbesondere im Kapitel über die taoistische Meditation, werden wir effektive Methoden üben, unser *shen* richtig einzusetzen; doch diese kleine Übung ist der erste Schritt. Erst wenn wir eine Vorstellung davon haben, was *shen* ist, wird uns die geistige Energie auf unserem Weg zur Unsterblichkeit einen entscheidenden Schritt voranbringen.

Ch'i – der kosmische Atem

Der Begriff *ch'i* (die moderne Schreibweise ist Qi) ist bei uns vor allem durch Qi Gong – Übungen, die dazu dienen das *ch'i* zu lenken und zu verteilen – bekannt geworden.

Wir sind versucht zu sagen, daß *ch'i* die bedeutendste der drei Energien ist: Ein großer Teil der traditionellen Medizin befaßt sich mit dieser Kraft; die Akupunktur versucht den Fluß des *ch'i* durch Nadeln zu beeinflussen, die Akupressur versucht dasselbe durch Fingerdruck, die Moxa-Therapie durch das Erwärmen besonderer Punkte, Qi Gong und T'ai Chi Ch'uan lenken die Energie direkt durch Bewegung. Nicht zuletzt ist die Entwicklung des *ch'i* ein entscheidender Schritt auf dem Weg zur Unsterblichkeit – mittels *ch'i* werden die drei Energien verschmolzen und der »Diamantene Körper« erreicht.

Aber auch wenn *ch'i* eine so wichtige Rolle spielt und einen zentralen Platz in der chinesischen Medizin und – was für uns ja noch wichtiger ist – in der taoistischen Unsterblichkeit einnimmt, so ist es doch nur *eine* Kraft, ein Aspekt des Ganzen.

Die Bedeutung von *ch'i* zeigt sich auch darin, daß es ähnliche Konzepte in vielen, ganz unterschiedlichen Kulturen gibt. Das japanische *ki* (wie in Ai*ki*do oder Rei*ki*), das indische *Prana* oder das *pneuma* der alten Griechen bezeichnen die Energie, die in China *ch'i* heißt.

Das Wesen von *ch'i* ist Aktivität und Bewegung, Lebenskraft und Atem. *Ch'i* ist zugleich der Atem, wie auch die Lebensenergie, die wir mit dem Atem aufnehmen. Wenn in chinesischen Übungen davon die Rede ist, daß der Atem an eine bestimmte Stelle im Körper gelenkt werden soll, so ist natürlich nicht die eingeatmete Luft gemeint, sondern *ch'i* – doch diese Unterscheidung ist nur für das wissenschaftliche, untersuchende Denken von Bedeutung, denn das *Gefühl* ist so, als würden wir bei diesen Übungen tatsächlich die Atemluft an bestimmte Stellen lenken. Und das *Gefühl* ist das wichtigste – es ist ja selbstverständlich, daß wir keine Luft in unsere Arme, unseren Kopf oder unsere Füße leiten! Aber wenn wir uns das vorstellen, geschieht es, daß wir unsere Konzentration mit der Atmung koordinieren und es uns leichter fällt, *ch'i*-Energie, die viele verschiedene Aspekte umfaßt und daher nicht so einfach zu visualisieren ist, zu lenken.

Die Übungen, die dazu dienen, das *ch'i* zu lenken heißen Qi Gong (*Ch'i Kung*). Es gibt dabei inneres und äußeres Qi Gong, je nachdem, ob die Bewegung von außen nach innen (äußeres Qi Gong) oder von innen nach außen (inneres Qi Gong) stattfindet. Für den Aufbau des unsterblichen Diamantenen Körpers bedienen wir uns der inneren *und* äußeren Bewegung; im Laufe dieses Buches werden wir noch des öfteren darauf zu sprechen kommen und Übungen vorstellen.

Als ersten Versuch, *ch'i* an und in uns selbst zu spüren, werden wir eine interessante Atemübung ausprobieren. Die wichtigsten Energiekanäle und Zentren, in denen die *ch'i*-Energie besondere Funktionen erfüllt, werden Gegenstand weiterer Übungen sein, und wir werden in dem Kapitel *»Die Bewegungen der Fünf Tiere«* auch eine sehr wirkungsvolle Qi-Gong-Übungsfolge beschreiben.

Mit dem Atmen sind wir alle von unserer Geburt an vertraut – wir haben also bereits einige Übung. Aber gerade, weil wir so vertraut mit unserem Atem sind, wird er uns kaum bewußt und wir gewöhnen uns aus den unterschiedlichsten Gründen – unsere sitzende Lebensweise, Verspannungen, Streß usw. – eine Atemweise an, die den Fluß des *ch'i* behindert und auf diese Art und Weise zu Krankheiten und anderen körperlichen und seelischen Schwächen führen kann.

Wir wollen vorerst eine ganz einfache Übung vorstellen, die aber deutlich zeigt, wie Atem, Konzentration und *ch'i* zusammenwirken.

Übung zum Spüren von *ch'i*

Wir wollen zunächst einmal versuchen, uns die Atembewegungen im einzelnen klarzumachen.

Dazu legen wir die Handflächen auf die Brust und spüren, wie sich die Brust hebt und senkt.

Wir atmen nun tief ein und halten die Luft an. Wir versuchen herauszufinden, ob alle Muskeln, die jetzt angespannt sind, wirklich zum Halten dieser Position nötig sind; wenn nicht, versuchen wir sie zu entspannen. Wenn wir das Bedürfnis haben, wieder auszuatmen, tun wir das auch – gerade bei dieser Übung sollten wir uns nicht anstrengen!

Dann legen wir unsere Hände auf den oberen Bauch. Wie bewegt sich der Bauch mit der Atmung? Wenn er sich deutlich hebt und senkt, nutzen wir unsere Bauchatmung. Wir versuchen nun, das Heben und Senken zu intensivieren. Wenn wir noch nichts oder nur wenig Bewegung spüren, versuchen wir ein Heben der Bauchdecke mit der aktiven Einatmung zu erreichen.

Während die »obere« Atmung, die durch das Heben der Brust erreicht wird, relativ viel Anstrengung kostet, aber zur Erhöhung des Lungenvolumens nur wenig beiträgt, ist es bei der Bauchatmung umgekehrt: Schon eine kleine Bewegung erweitert die Kapazität der Lunge um ein beträchtliches Maß.

Nach einigen Atemzügen halten wir wieder die Luft an und beobachten, welche Spannungen auftreten. Unnötige Spannungen, die nicht dem Aufrechterhalten des Gleichgewichtes dienen, versuchen wir zu lösen.

Legen wir nun unsere Hände mit den Oberseiten der Finger an die Flanken und zwar so weit unten, daß sie nicht die Rippen berühren. Sind auch hier noch die Atembewegungen zu spüren? Wenn die Atmung gut organisiert und tief ist, wird sich der Bauch nach allen Richtungen ausdehnen, also auch seitlich. Wenn wir noch keine Bewegung spüren, versuchen wir, uns vorzustellen, daß wir in die Stellen atmen, an der unsere Finger aufliegen.

Nach einigen Atemzügen halten wir die Luft wieder an und beobachten wieder, welche Spannungen auftreten. Unnötige Spannungen versuchen wir zu lösen.

Die Atembewegung sollte nun schon bewußter sein und die Atmung sich etwas vertiefen – dadurch fließt mehr *ch'i*. Schon mit dieser Vorübung haben wir etwas für unsere Gesundheit getan. Nun wollen wir uns daranmachen, dem Wesen von *ch'i* durch eine kleine Übung näherzukommen.

Wir schließen die Augen und atmen langsam ein. Dabei verfolgen wir in unserer Vorstellung die Luft durch das linke Nasenloch, durch die Luftröhre, in die linken Bronchien, die in die linke Lunge einzweigen. Wir spüren, wie die Luft in die linke Lunge einströmt und sie weitet. Wir bleiben mit unserer Konzentration bei diesem Weg der Atemluft und atmen langsam und bewußt ein und aus.

Nach einigen Atemzügen atmen wir normal weiter und erweitern unsere Konzentration auf den gesamten Körper. Vielleicht spüren wir nun einen deutlichen Unterschied zwischen rechts und links? Allein unsere Bewußtheit hat diesen Unterschied bewirkt! Dadurch, daß wir unsere Bewußtheit auf den Fluß des Atems gelenkt haben, haben wir *ch'i*-Energie an die entsprechenden Stellen gelenkt. Unserer linken Lunge wurde *ch'i* zugeführt und diesen Unterschied können wir nun spüren!

Die Energien vereinigen

Wir haben schon einige Male erwähnt, daß es für die taoistische Alchemie der Unsterblichkeit mehr bedarf als das Wissen über die drei Kräfte, ja selbst mehr als die Kontrolle und Kultivierung der drei Energien. Das Ziel, das wir anstreben, ist deren Vereinigung.

Doch wie gelingt uns das? In den alten Texten heißt es dazu: »Wahre Unsterblichkeit wird herbeigeführt, wenn *ching* (die essentielle Energie) und *shen* (die geistige Energie) mittels *ch'i* (der kosmischen Energie) vereint werden. Dies sind die Drei Schätze des Tao.«

Das bringt uns noch nicht sehr viel weiter. Es wird lediglich auf die Bedeutung von *ch'i* für den Vorgang der Verschmelzung hingewiesen. Doch um eine Verschmelzung stattfinden zu lassen, muß ja auch etwas vorhanden sein, das verschmolzen werden kann: nämlich *ching* und *shen,* die essentielle und die geistige Energie. Darüber hinaus muß auch unser *ch'i* gut entwickelt sein, um die Verschmelzung herbeizuführen.

Der Weg zu der Verschmelzung der Drei Schätze des Tao ist der Weg, der uns schließlich zur Unsterblichkeit führt. Um diesen Weg zu gehen, müssen wir uns intensiv der Übung widmen. Intensiv heißt jedoch nicht, daß wir uns anstrengen oder gar zwingen müssen – sobald diese Gefühle auftreten, sollten wir das als Hinweis nehmen, daß wir von unserem Weg abgekommen sind.

Die Übungen, die zur taoistischen Unsterblichkeit führen, beinhalten Methoden der Atemlenkung, körperliche Bewegung (Qi Gong), Meditation und nicht zuletzt eine Anleitung zu einer Ernährungsweise, die dem Aufbau eines gesunden und im Einklang mit dem Tao lebenden Körpers förderlich ist. Diese Übungen werden wir nach und nach besprechen und nachvollziehen. Jede einzelne dieser Übungen wird zu unserer Gesundheit beitragen können – bis eines Tages die Verschmelzung der Energien stattfindet und wir den »Unsterblichen Diamantenen Körper« erlangen.

Die alten Schriften sagen, daß wir mit Übung einige Jahre länger leben werden, mit intensiver Übung über längere Zeit ein um mehrere Jahrzehnte längeres Leben erwarten können, Unsterblichkeit aber erst erreicht wird, wenn die Energie *hsing* (das höhere Bewußtsein) und *ming* (die Lebenskräfte) vollkommen verschmelzen und sich zum Unsterblichen Diamantenen Körper vereinigen.

Die Verschmelzung der Energien selbst ist keine Übung, sondern das Ergebnis des harmonischen Zusammenwirkens aller Übungen. Damit wir diese Harmonie erreichen, ist es – das können wir gar nicht oft genug betonen – nicht nötig, daß wir uns bemühen, anstrengen, zwingen, sondern daß wir, ganz im Gegenteil, Freude an den Übungen und am Üben empfinden – indem wir unserem innersten Wesen folgen, das die Möglichkeit zur Unsterblichkeit in sich trägt.

Vom Nutzen der Enthaltsamkeit

爱

Um es gleich vorwegzunehmen: Der Enthaltsamkeit an und für sich wird in der taoistischen Alchemie keinerlei positive Bedeutung beigemessen. Ganz im Gegenteil! Große taoistische Meister, wie beispielsweise Ko Hung warnen ausdrücklich vor sexueller Enthaltsamkeit: Die Keuschheit verursache Krankheiten und führe nicht auf den Weg zum Tao und zur Unsterblichkeit, sondern eher zu einer lebensverkürzenden geistigen Verwirrung.

Während sich bei uns jahrhundertelang über die Religion geradezu eine Panik vor der Sexualität verbreitete, wurde sie in China, aber auch in anderen östlichen Kulturen meist als völlig natürliche Lebensäußerung betrachtet, über die auch offen gesprochen werden konnte. Das erleichterte natürlich auch die Entwicklung von »Liebeskünsten«, wie im indischen Tantrismus oder eben in der chinesischen taoistischen »sexuellen Alchemie«.

Die sexuelle Alchemie

Bevor wir uns mit den sexuellen Praktiken des Taoismus befassen, sollten wir einige verbreitete Mißverständnisse klären. Seit bei uns freier über Sexualität gesprochen wird, ist auch das Interesse an den sexuellen Gebräuchen fremder Kulturen gewachsen. Am bekanntesten dürften wohl die Praktiken des indischen Tantra geworden sein. Auf den ersten Blick wirken einige sexuelle Praktiken des Taoismus wie diese Techniken, oder auch wie bestimmte neuere westliche Vorstellungen. Deshalb wollen wir zunächst klarstellen, was die sexuelle Alchemie im Taoismus *nicht* ist.

Die sexuelle Alchemie ist nicht mit dem indischen *Tantra* zu verwechseln. Möglicherweise ist der Tantrismus vom Taoismus beeinflußt – eine buddhistische Schule des Tantrismus bezeichnet die sexuellen Praktiken sogar ausdrücklich als »chinesische Disziplin« –, doch er hat einen ganz anderen Weg genommen. Der *Tantrismus* ist eine religiöse Lehre, in der über Rituale (unter anderem eben sexuelle Rituale), Weihehandlungen, Anrufung von Göttern, Meditationen und Singen heiliger Laute die Seele aus dem Kreislauf des Karma erlöst werden soll. Die *sexuelle Alchemie des Taoismus* ist dagegen eher eine medizinische Lehre, wenn auch keine naturwissenschaftlich-medizinische, jedoch eine ganzheitliche, nicht nur den Körper, sondern eben Geist und Seele umfassende Heil-*Kunst*.

Auch hat die sexuelle Alchemie nichts mit dem uns geläufigen Begriff von *Enthaltsamkeit* zu tun. Oberflächlich gesehen scheinen die Techniken zur Zurückhaltung des Samenergusses zwar auf das Ziel Enthaltsamkeit hinzudeuten, doch nichts ist dem Taoismus ferner, als eine zwanghaft auferlegte, widernatürliche sexuelle Enthaltsamkeit zu lehren.

Die Techniken zur Bewahrung des männlichen Samens führen mitunter zu der Verwechslung mit der Technik des *Coitus reservatus*. Coitus reservatus bedeutet, daß der Ausstoß des Samens verhindert wird, indem der Mann seine Genitalmuskulatur zusammenzieht. Diese Technik dient der Empfängnisverhütung. Bei der sexuellen Alchemie ist jedoch das Zurückhalten des Samens nur ein kleiner Teil der Lehre; überdies wird bereits *bevor* das unwillkürliche Ausstoßen des Samens einsetzt, die Erregung zurückgenommen.

Die Zärtlichkeit spielt eine große Rolle in der sexuellen Alchemie, was einige Autoren zu dem Vergleich mit *Karezza*, einer besonders passiven und zärtlichkeitsbetonten Art der Liebe, geführt hat. Karezza wurde Anfang dieses Jahrhunderts von Marie Stopes in ihrem Buch »Eheliche Liebe« beschrieben und empfohlen. Bei Karezza sollte der Mann keinen Samenerguß haben und sich auf Zärtlichkeiten beschränken. Aus der damaligen Sicht der Frau, der keine sicheren Verhütungsmittel zur Verfügung standen, ist Karezza sicherlich zu verstehen. Doch eine Ähnlichkeit zur sexuellen Alchemie des Taoismus besteht nur in äußerlichen Aspekten und auch dort nur in Teilen.

Schließlich sollten wir der Vollständigkeit halber auch gleich noch klarstellen, daß es sich bei der sexuellen Alchemie auf keinen Fall um sexuelle Zügellosigkeit und »Ausleben der Triebe« handelt, auch wenn es um sexuelle Befriedigung geht.

Die taoistische sexuelle Alchemie strebt die Umwandlung sexueller Energie an: Die Grobform der *ching*-Energie (über die wir ja im vorausgegangenen Kapitel gesprochen haben) soll mittels bestimmter Praktiken – die aber nie als absolute, ewige und unumstößliche Gesetze betrachtet werden sollten – in ihre subtile Form umgewandelt werden.

Die sexuelle Alchemie ist auch als »wechselseitige Kultivierung« bekannt, ein Begriff, der darauf hinweist, daß die Methode für Männer *und* für Frauen gleichermaßen von Bedeutung ist. Es gibt jedoch einen wichtigen Unterschied: Da die Männer beim Samenerguß wertvolle *ching*-Energie verlieren, befaßt sich ein Teil der Anweisungen der sexuellen taoistischen Alchemie deshalb zunächst einmal mit der Bewahrung des Samens. Für Männer sind die Lehren der sexuellen Alchemie also wichtiger – weil sie mehr zu lernen haben als Frauen.

Um den Prinzipien der taoistischen Liebeskunst näherzukommen, wollen wir kurz einige bedeutsame Ausgangspunkte nennen:

Erstens: Liebe ohne Sex ist frustrierend und gesundheitsschädlich.

Zweitens: Sex ohne Liebe ist Verschwendung von *ching*, also ebenfalls ungesund.

Bei beidem kommt es nicht zur Verschmelzung von Yin und Yang, des weiblichen und des männlichen Prinzips. Das aber ist das vorrangige Ziel der sexuellen Alchemie und eine der Voraussetzungen für das Erlangen der Unsterblichkeit.

Daraus folgt auch, daß einem Adepten der sexuellen Alchemie empfohlen wird davon Abstand zu nehmen, Prostituierte aufzusuchen oder zu masturbieren. – Das sind wohlgemerkt keine *moralischen* Forderungen, sondern Folgerungen, die sich aus der Lehre ergeben: Wenn Yin und Yang verschmelzen sollen, sollte die Anziehung nicht nur körperlich, sondern auch geistig und seelisch sein. Beim Sex mit einem bezahlten Partner wird es wohl an der geistigseelischen Anziehung fehlen, und beim Masturbieren fehlt es ja ohnehin am Partner.

Wichtig ist also die *wechselseitige*, wahre Anziehung der Partner, um zu einer ekstatischen Vereinigung zu kommen.

Auch innerhalb der sexuellen Alchemie hat es mancherlei Irrwege gegeben. In einigen der alten Schriften finden wir eine ziemlich übertriebene Betonung der reinen Technik, mit genauen Anweisungen für die Art und Anzahl der Stöße, der Tiefe des Eindringens und der Reihenfolge der Stellungen. Wir können und wollen hier nicht diese – durchaus interessanten – Techniken vorstellen, die mit der sexuellen Alchemie nur am Rande zu tun haben.

Wichtig ist – und darauf laufen diese ausführlichen technischen Beschreibungen hinaus –, daß keine Langeweile und Routine im Liebesspiel aufkommen, die dem Erreichen der ekstatischen Verschmelzung entgegenstehen.

Der folgende Abschnitt ist vor allem für Männer interessant; es geht darum, *ching*, das mit der Samenflüssigkeit und der Vaginalflüssigkeit verbunden ist, zu bewahren und zu speichern. Bei jeder Ejakulation geht Samen, der der wichtigste Träger des groben *ching* ist, verloren – bei Frauen taucht das Problem naturgemäß weniger auf.

Die Ching-Energie bewahren

Träger von *ching* sind, wie wir aus dem vorausgegangenen Abschnitt wissen, die Samenflüssigkeit des Mannes, bzw. die Vaginalsekrete der Frau. Das ist jedoch nur die »grobe« Form von *ching*, die für die Verschmelzung mit den anderen beiden Formen der Energie, *shen* und *ch'i* nicht brauchbar ist. Das grobe *ching* muß erst in subtiles *ching* umgewandelt werden.

Doch zunächst einmal muß eine ausreichende Menge von *ching* vorhanden sein. Bei Frauen stellt das ein kleineres Problem als für Männer dar, da sie nicht so leicht *ching* verlieren – ja es ist sogar so: je öfter sie den Liebesakt (als ekstatische Verschmelzung mit einem geliebten Partner) vollziehen, desto mehr *ching* sammeln sie an. *Ching* geht aber sowohl bei Männern als auch bei Frauen verloren, wenn sexuelle Energie *nicht* abgeleitet wird, also auch wenn sexuelle Bedürfnisse unterdrückt werden.

Menschen, die sexuelle Bedürfnisse haben, sie jedoch nicht befriedigen können verlieren nicht nur *ching*-Energie, sondern schaden auch ihrer Gesundheit. Das bedeutet nun natürlich ein gewisses Dilemma für Menschen, die aus den unterschiedlichsten Gründen keinen Partner haben, um die wechselseitige Kultivierung zu üben. In diesem Fall muß die Umwandlung der Essenz – die wir im nächsten Abschnitt beschreiben werden – besonders sorgfältig (und in etwas abgewandelter Form) durchgeführt werden.

In der chinesischen Symbolik korrespondieren Frauen mit Wasser und Männer mit Feuer. Frauen sind demnach auf Dauer gesehen stärker als Männer. Das Wasser löscht das Feuer.

Männer haben es also nicht so leicht, ihr *ching* zu bewahren und gleichzeitig das erfüllte Liebesleben zu haben, das die Verschmelzung von Yin und Yang erleichtert. »Ein Mann kann nur dann ein hohes Alter (und die Unsterblichkeit) erlangen, wenn er sparsam mit seinem Samen umgeht«, heißt es in den alten taoistischen Schriften.

Das *ching* zu bewahren heißt aber *nicht*, enthaltsam zu leben und keinen Sex mehr zu haben. Immer wieder warnten die taoistischen Weisen und auch die chinesischen Heilkundigen vor zwanghafter Enthaltsamkeit.

Das Problem liegt darin, daß der Orgasmus beim Mann mit Ejakulation gleichgesetzt wird. Das stimmt aber so nicht; ein Orgasmus ist durchaus auch ohne Ejakulation möglich! (A. C. Kinsey, der berühmte Sexualforscher, bestätigte dies in seinen Untersuchungen.)

Mit dem Samenerguß geht *ching* verloren, also gilt es, die Kontrolle über die Ejakulation zu gewinnen. Aber eben nicht, indem man weniger Sex hat; ganz im Gegenteil! Das Liebesleben wird durch die Bewahrung des Samens auch nicht zur gefühl- und lieblosen Übung, wie manche zunächst vielleicht fürchten mögen. Die Kontrolle über die Ejakulation ermöglicht sogar ein längeres und befriedigenderes sexuelles Erleben (für beide Partner)! Die Gefahr besteht höchstens darin, daß man sich Zwänge auferlegt, die wiederum zu energetischen Blockaden (*shen* oder *ch'i*) führen. Jeder Zwang ist fehl am Platze; wir sollten vor Augen haben, daß nur das, was mit ganzem Herzen getan wird, Sinn haben kann.

Um nun die Theorie praktisch werden zu lassen, hier nun einige einfache Methoden, die Dauer des Liebesspiels zu verlängern und dabei den Samen zu bewahren.

Schon allein dadurch, daß die Konzentration von dem Ort der sexuellen Stimulation auf einen anderen Gegenstand gelenkt wird, können die meisten Männer den Grad ihrer Erregung steuern. Es macht jedoch einen entscheidenden Unterschied, ob der Mann seine Konzentration von der sexuellen Vereinigung abzieht, indem er an seine Steuererklärung denkt, oder ob er seine volle Aufmerksamkeit auf die Haut, die Haare, den Geruch, das Wesen seiner Partnerin lenkt.

Für die Verschmelzung von Yin und Yang ist die Konzentration auf die Vereinigung von großer Bedeutung; nur wird die Konzentration eben nicht dafür eingesetzt, die Ejakulation zu beschleunigen, sondern um die Vereinigung in ihrer Gesamtheit zu erfahren und dabei *ching* zu bewahren.

Es erfordert für die meisten Männer ein wenig Übung, den Punkt zu erkennen, an dem es sozusagen kein Zurück mehr gibt. Die folgenden beiden Methoden, die Verschlußmethode und die Drucktechnik, können auch für den *Coitus reservatus* eingesetzt werden; doch während beim Coitus reservatus der Samen, der bereits im Ausströmen begriffen ist, zurückgehalten wird, dienen die Methoden innerhalb der sexuellen Alchemie dazu, die zum Samenerguß führende Erregung soweit zurückzuführen, daß es nicht zur Ejakulation (aber idealerweise zum Orgasmus) kommt.

Die Verschlußmethode ist die älteste beschriebene Technik zur Bewahrung des Samens. *Wu Hsien* schreibt, der Mann solle, bevor er die Kontrolle verliert, seinen »Jadeschaft« (den Penis) so weit zurückziehen, daß er gerade noch in der Pforte des »Jadetores« (der Vagina) bleibt. In dieser Stellung atmet er einmal tief in das Zwerchfell und zieht den »Unterleib zusammen, als ob er Harndrang verspürte«.

Die Drucktechnik ist beinahe noch einfacher. Der Mann übt dabei, bevor er nicht mehr zurück kann, mit Zeige- und Mittelfinger einer Hand Druck auf den Damm, den Punkt zwischen Hoden und After, aus. Auch bei dieser Methode ist die Atmung hilfreich. Es sollte dreimal tief ein- und ausgeatmet werden und bei jedem

Atemzug der Atem an die Stelle, an der die Finger Druck ausüben, gelenkt werden.

Einer der berühmtesten Ärzte Chinas, Sun Tzu-mo (581 bis 682), war Taoist und Anhänger der Methode des »inneren Elixiers«, *neitan*, das bei der wechselseitigen Kultivierung entsteht. Von ihm gibt es weithin anerkannte Richtlinien, wie oft ein gesunder Mann einen Samenerguß haben sollte. Er forderte also keinen Verzicht auf Sex, auch nicht auf Samenergüsse – solch übertriebene Askese bezeichnete er als ungesund und lebensverkürzend –, sondern er war der Meinung, daß es kein Problem sei, mitunter ein wenig *ching* zu verlieren, da die negativen Folgen für den Energiekörper bei zwanghafter Kontrolle größer seien. Nach Sun Tzu-mo kann ein 20jähriger alle vier Tage, ohne negative Konsequenzen für seine Entwicklung befürchten zu müssen, einen Samenerguß haben, ein 30jähriger alle acht Tage, ein 40jähriger alle zehn Tage und ab dem Alter von 60 Jahren einmal im Monat. Um es noch einmal deutlich zu sagen: es geht nicht um die Häufigkeit der Liebesakte, sondern lediglich um die Häufigkeit der Ejakulationen.

Nun sind auch diese Häufigkeitsangaben selbstverständlich nicht als Gesetz aufzufassen, sondern als grobe Richtlinien. Jeder Mensch ist verschieden und so ist es auch nicht möglich, Regeln aufzustellen, die für jeden gleichermaßen zum Tao führen. Dem Tao folgen heißt ja, seiner eigenen Natur zu folgen und nicht äußeren Gesetzen.

Wir sollten uns keinen Zwang auferlegen, sondern die vielen Vorteile der Zurückhaltung des Samens erkennen: Das längere Liebesspiel kann für beide Partner zu mehr Befriedigung führen, das Vermeiden der Ejakulation ist eine Verhütungsmethode, die frei von den Nebenwirkungen chemischer Kontrazeptiva ist, und – für unsere Zwecke am interessantesten – wir sammeln unser *ching* und kommen der Unsterblichkeit ein kleines Stückchen näher.

Übrigens ist auch die »Jadeflüssigkeit«, der Speichel, Träger von *ching*. Das bedeutet, daß auch das erotische Küssen zur wechselseitigen Kultivierung dienen kann! Es geht in der sexuellen Alchemie um das Erzeugen, Bewahren und Umwandeln von sexueller Energie; diese sexuelle Energie kann ebenso beim erotischen Küssen erzeugt werden – wenn auch in den meisten Fällen wohl nicht in dem Maße, wie es beim Koitus der Fall ist.

Interessanterweise haben sogar wissenschaftliche Untersuchungen die gesundheitsfördernde Wirkung des Küssens erkannt, ohne allerdings genau angeben zu können, woran das liegt. Möglicherweise handelt es sich um einen Immuntrainigseffekt; aber mit Sicherheit spielen auch die körpereigenen »Glücksstoffe«, die sogenannten *Endorphine,* eine wichtige Rolle.

Das Sammeln von *ching* ist nur der erste Schritt in der sexuellen Alchemie. Der zweite, bedeutsamere Schritt ist das Umwandeln der groben Essenz in die subtile Essenz, die dann später durch den Einfluß von *ch'i* (der Lebensenergie) mit *shen* (der geistigen Energie) verschmilzt.

Das Umwandeln der Essenz

Die edlen Weisen des Altertums strebten nach dem Ursprünglichen und erfaßten es in seiner reinen Form, indem sie ihre Körper mit dem Neunfachen Elixier nährten. Sie bewahrten ihre Essenz, nährten ihren Körper mit *ching* und erlangten auf diese Weise jene geheimnisvolle Kraft, die Himmel, Erde und die Menschen in ihrem ursprünglichen Zustand kennzeichnet. Indem sie den rechten Umgang mit ihrer Essenz befolgten, bewirkten sie, daß Fleisch und Knochen in Edle Substanz umgewandelt wurden. So konnten sie ihre Lebenskraft regulieren und ihr Dauer verleihen: Damit wechselten sie vom sterblichen zum unsterblichen Zustand.

Diese Passage aus dem *Ts'an T'ung Ch'i* (ein Buch, dessen Titel meist mit »Der dreifache Einklang« übersetzt wird) spricht die Unsterblichkeit explizit an. Über das Bewahren der Essenz (des Samens, bzw. der entsprechenden Flüssigkeit der Frau) haben wir ja bereits gesprochen. Doch nun kommen wir zum zweiten Schritt. In dem Text aus dem *Ts'an T'ung Ch'i* steht: Die Weisen »nährten ihren Körper mit *ching*« und zwar mit dem »Neunfachen Elixier«.

Dieses »Neunfache Elixier« wurde oft im Sinne der äußeren Alchemie mißverstanden; zahlreiche ehrgeizige, aber nicht in die Geheimnisse eingeweihte Alchemisten haben wohl ihr Leben bei dem

Versuch gelassen, mit Hilfe von Quecksilber und Blei ein Unsterblichkeitselixier herzustellen.

Das Neunfache Elixier wird nicht *außerhalb*, sondern *innerhalb* des Körpers hergestellt: Indem die *ching*-Energie über neun Stufen nach oben geleitet wird.

In dem Klassiker *Die Geheimnisse der Jadekammer* findet sich dazu ein Dialog zwischen dem legendären Gelben Kaiser und Su-Nü, dem »Einfachen Mädchen«, seiner Beraterin; dabei spricht sie über die neun Stufen – die zehnte Stufe ist der Beginn der Unsterblichkeit: »Liebt ein Mann einmal, ohne seinen Samen auszustoßen, wird sein Körper stärker werden. Liebt er zweimal auf diese Art, werden seine Sinne besser arbeiten. Beim dritten Mal fliehen ihn alle Krankheiten. Beim vierten Mal findet er inneren Frieden. Beim fünften Mal werden Herz und Kreislauf stark. Das sechste Mal stärkt seine Lenden, das siebte Mal Gesäß und Schenkel. Das achte Mal gibt ihm eine zarte, jugendliche Haut. Beim neunten Mal gewinnt er langes Leben. Doch beim zehnten Mal wird er ein Unsterblicher.«

Natürlich ist auch dieser Text nicht wortwörtlich zu verstehen. So einfach ist es nun auch wieder nicht: Zehnmal ein Beischlaf ohne Samenerguß und fertig ist der Unsterbliche! Außerdem: wie verhält es sich bei Frauen?

Wir müssen den Text nur symbolisch verstehen, dann klärt sich das Geheimnis. Su-Nü beschreibt den Prozeß der Verwandlung von der groben in die subtile Energie; dieser Vorgang ist für Männer und Frauen derselbe, mit dem Unterschied, daß der Mann den Samen bewahren muß. Das »innere Elixier« entsteht in neun Stufen im Körper, während es über bestimmte Energiebahnen und durch Energiezentren »nach oben« geleitet wird, wo es sich mit *shen* vereinigen soll.

Für die Herstellung dieses inneren Elixiers gibt es sehr ausführliche praktische Anleitungen – die allerdings eher in die Irre führen, da sie, weit entfernt davon den Wegen der Natur zu folgen, mitunter nur starre Technik lehren. Das Umwandeln der Essenz ist ein Vorgang, der ebenso geistige wie körperliche Prozesse beinhaltet und dessen einzige Schwierigkeit darin liegt – typisch für die taoistische Alchemie, – daß er so einfach ist.

Der Kern der Lehre ist die Bewußtheit: Es geht um das bewußte Erleben der sexuellen Ekstase. Durch Visualisierungen wird dann die *ching*-Energie nach oben geleitet – nicht etwa, weil der Kopf wichtiger wäre, sondern weil eine optimale Vermischung der Energien stattfinden soll. Andere Energieübungen leiten die Energie von oben nach unten, wie wir später noch sehen werden.

Praktisch sieht das »Nähren mit dem Neunfachen Elixier« folgendermaßen aus: Bei der sexuellen Verbindung eines liebenden Paares wird *ching* aktiviert. Der Mann muß aufpassen, daß er dabei sein *ching*, in Form der Samenflüssigkeit, nicht verliert. Das Zentrum der Bewußtheit liegt beim sexuellen Akt vorerst natürlich am »Ort der Handlung«, in den Geschlechtsorganen. Die sexuelle Energie wird dabei deutlich spürbar. Diese Kraft, die wir spüren, leiten wir nun nach oben. Im Grunde ist es dabei von geringer Bedeutung, ob dieses Nach-oben-Leiten nun tatsächlich genau in neun Stufen erfolgt; die Neun Stufen machen dennoch Sinn, da sie der Konzentration Haltepunkte bieten.

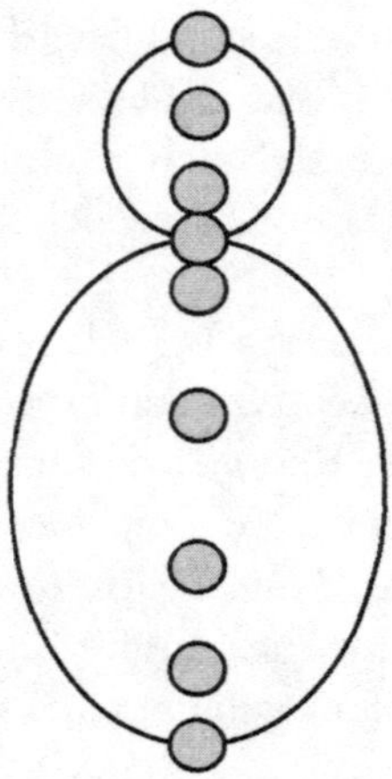

Die neun Stufen der Umwandlung

Die erste »Haltestelle« sind die Geschlechtsorgane selbst, beim Mann ist die erste Stufe das Zurückhalten des Samens. Die zweite Stufe befindet sich einige Zentimeter unterhalb des Nabels (das sogenannte »untere Zinnoberfeld«), die dritte etwas oberhalb des Nabels, über dem Solarplexus (dem »oberen Zinnoberfeld«), die vierte etwa in der Mitte der Brust, die fünfte knapp unterhalb der Kehlgrube, die sechste im Kehlkopf, die siebte in der Mitte des Kopfes in Höhe des Gaumens, die achte in der Mitte des Kopfes zwischen den Augen (der »Geheimnisvolle Paß«) und die neunte, das *ni-wan*, der Speicherort für die geläuterte *ching*-Energie, im Schädel, direkt unter der höchsten Stelle des Kopfes. Die zehnte Stufe – der entscheidende Schritt zur Unsterblichkeit – ist dann das Verschmelzen von *ching* mit *ch'i* und *shen*. Auf die genannten Energiezentren und die drei wichtigsten Energiebahnen werden wir in den folgenden Kapiteln noch genauer eingehen.

Abschließend müssen wir noch über zwei Probleme sprechen, die nicht selten auftreten: Müssen Menschen, die keinen liebenden Partner haben um die wechselseitige Kultivierung zu üben, auf die Unsterblichkeit verzichten? Und wie verhält es sich im Falle von Impotenz?

Das erste Problem ist tatsächlich ein gewisses Hindernis – allerdings keineswegs ein unüberwindbares. Die wechselseitige Kultivierung erleichtert die Umwandlung von grobem in subtiles *ching* besonders stark. Doch auch auf andere Weise kann eine Vereinigung stattfinden, nämlich auf höherer Ebene. Das heißt, daß der oder die Betreffende ihre Liebeskraft auf ein anderes Objekt – zum Beispiel die Natur, oder ein höheres Wesen – richtet, um auf diese Art und Weise sein *ching* zu verwandeln. Diese Methode kann sogar Vorteile haben, aber sie erfordert vom Übenden eine gewisse geistig-seelische Reife.

Das Problem Impotenz ist vom Standpunkt der sexuellen Alchemie aus eigentlich überhaupt kein Problem. Wenn kein Samenerguß stattfinden kann, kann auch kein *ching* verlorengehen. Die sexuelle Energie ist ja dennoch vorhanden. In der Praxis tauchen die Probleme durch die seelischen Folgen der Impotenz auf: Unzufriedenheit und Minderwertigkeitsgefühle bringen die Seele aus dem Gleichgewicht. Eine weitere Folge kann sein, daß die Partnerin des impotenten Mannes unbefriedigt bleibt – was aber selbstverständlich nicht so sein muß! Sind sich beide Partner seelisch nahe und wollen sie die wechselseitige Kultivierung üben, ist es kein Problem, wenn der Mann nicht zum Samenerguß kommen kann. Übrigens kann sich das Problem nach einer Weile von selbst verflüchtigen. Wenn das Paar ausdauernd die wechselseitige Kultivierung übt, verschwinden seelische Blockaden, Ängste und Hemmungen –

und überdies werden sich auch die direkten energetischen Folgen der Übung bemerkbar machen: »Das sechste Mal stärkt seine Lenden«, sagte Su-Nü.

Die Macht der Liebe

»Die Liebe und die Nahrung sind für die Gesundheit von gleicher Wichtigkeit«, meinte einer der bekanntesten taoistischen Meister, Ko Hung. Zeigt das nicht deutlich, welche Bedeutung die Taoisten der Kraft der Liebe beimaßen?

Ohne Liebe fehlt unserem Leben die Nahrung für unsere Seele. Dieser Mangel führt zu einem Ungleichgewicht, das es schwermacht, ein glückliches und erfülltes Leben zu führen, eins mit dem Tao zu werden und die Unsterblichkeit zu erlangen. Ohne Liebe wird die sexuelle Alchemie wenig Fortschritte bringen.

Ist die Voraussetzung der Liebe gegeben, hat es viele Vorteile, möglichst häufig zu lieben. Vom Standpunkt der sexuellen taoistischen Alchemie ist das klar: Wir sammeln und verwandeln *ching* und nutzen auf diese Weise unsere sexuelle Energie – vielleicht, wie nicht erst Sigmund Freud erkannte, die stärkste Triebfeder unseres Seelenlebens –, um unserer Vision von der Unsterblichkeit näher zu kommen.

Aber auch die psychologischen Vorteile liegen auf der Hand. Übt sich ein liebendes Paar in der wechselseitigen Kultivierung, werden die Partner auch »üben«, genauer auf den anderen und sich selbst zu achten. Sie werden erkennen, wie sie dem anderen Freude bereiten und werden ein harmonisches Liebesleben führen. Negative Gefühle werden abgebaut, das Verständnis füreinander wächst und sexuelle Ängste lösen sich auf.

Die Medizin könnte sich ebenfalls zu Wort melden. Durch die sexuelle Erfüllung wird ein hormonelles Gleichgewicht erreicht, das wiederum positive Auswirkungen auf Körper und Seele hat.

Letztendlich ist es diese ganzheitliche Harmonie, die einen wichtigen Beitrag zur Unsterblichkeit leistet. Über unsere Sexualität können wir die Macht der Liebe am natürlichsten, also am ehesten unserem Wesen gemäß, erfahren. Wenn unsere Biologie, unser Körper, unsere Seele und unser Geist gleichermaßen Freude erfahren, dann folgen wir dem Tao. Wir haben aber auch schon darüber gesprochen, daß die Sexualität selbst nicht der entscheidende Schritt zur Unsterblichkeit ist.

Der entscheidende Schritt ist die Liebe.

Die Drei Gefäße

氣
循
環

Der Kreislauf der Energie

Im Laufe der Jahrtausende hat die chinesische Medizin ein äußerst komplexes System der Energieverteilung innerhalb des menschlichen Körpers entworfen. Eine wichtige Rolle dabei spielen die zwölf Hauptmeridiane, die Energieströme, die den Körper in vertikaler Richtung durchziehen. Die chinesische Medizin unterscheidet dabei zwischen Yin-Meridianen, die mit den »Speicherorganen« Herz, Perikardium (Herzbeutel), Lunge, Niere, Milz und Leber verbunden sind, sowie Yang-Meridianen, die mit den »Hohlorganen« Dünndarm, »Dreifacher Erwärmer« (zu diesem chinesischen »Organ« gibt es keine westliche anatomische Entsprechung: es verkörpert den gesamten Brust- und Bauchraum; möglicherweise könnte der »Dreifache Erwärmer« auch als Brust- und Bauchfell aufgefaßt werden), Dickdarm, Blase, Magen und Gallenblase in Verbindung stehen.

Außer den Hauptmeridianen kennt die chinesische Medizin auch noch acht Sondermeridiane, die sogenannten »Gefäße«, die die Hauptmeridiane miteinander verbinden, sowie einige Energiezentren, die als »Hohlräume« aufgefaßt werden. Wichtig sind diese detaillierten Kenntnisse über den Fluß der Energie für große Teile der chinesischen Medizin, insbesondere für die Akupunktur. Denn Krankheiten entstehen nach der chinesischen Lehrmeinung durch unharmonische Verteilung der Energien, Energieblockaden und durch übermäßige Energieströme. Die Akupunktur behebt diese Störungen, indem sie mit Nadeln in sensible Punkte auf den Meridianen sticht und auf diese Art und Weise den Energiefluß anregt oder beruhigt.

Für unser Ziel, die Verschmelzung der Energien, ist dieses Wissen nicht notwendig. Die Energie strömt ohnehin mit dem Ein- und Ausatmen entlang der Meridiane; mittels gezielter Qi-Gong-Techniken ist es möglich, den Energiefluß in diesen Meridianen zu lenken, dies bringt bei bestehenden Krankheiten Vorteile, oder ist für Artisten und Kampfkünstler von Nutzen. Für unsere Zwecke ist es jedoch am sinnvollsten, die Energie ganz von selbst, ohne Einflußnahme durch die Hauptmeridiane fließen zu lassen. Wir werden uns auf die wesentlichen Energieströme und Energiezentren beschränken – die Harmonie im Gesamtsystem wird sich im Laufe der Zeit von selbst einstellen.

Um aber einen Eindruck davon zu bekommen, wie Atem und Energiekreislauf zusammenhängen, wollen wir kurz den natürlichen Fluß der *ch'i*-Energie durch die Hauptmeridiane bei einem Atemzyklus darstellen:

Beim Einatmen fließt *ch'i* zum Körper hin; auf den Yin-Meridianen Milz, Leber und Niere von den Füßen zur Brust und auf den Yang-Meridianen Dickdarm, Dünndarm und Dreifacher Erwärmer von den Händen bis zu den Sinnesorganen am Kopf. Beim Ausatmen fließt die Energie nun wieder nach außen: auf den Yin-Meridianen Lunge, Herz und Perikardium von der Brust in die Hände und auf den Yang-Meridianen Magen, Gallenblase und Blase vom Kopf bis in die Füße.

Schon diese kurze, oberflächliche Beschreibung macht deutlich, wie angenehm es doch ist, wenn wir die Wege der Energie nicht alle auswendig lernen müssen! Für uns sind nur drei der acht sogenannten »Gefäße« von besonderer Bedeutung. In zwei dieser Kanäle fließt das *ch'i* in besonders reiner Form, der dritte Kanal dient dazu, die Energiezentren »aufzufüllen«. Im Verlauf dieses Kapitels werden wir diese Gefäße beschreiben und üben, die Lebensenergie, *ch'i*, in ihnen kreisen zu lassen. Im nächsten Kapitel werden wir dann auf dieser Fähigkeit aufbauen und mit dem eigentlichen alchemistischen Prozeß beginnen, der die Energiezentren oder »Paläste« mit Energie auflädt und zur Verschmelzung der drei Energien führt.

Jen mo – Das Dienergefäß

Das Dienergefäß, *jen mo*, ist einer der ursprünglichen, bereits im Embryo aktiven Energiekanäle. Es beginnt im sogenannten »Unteren Zinnoberfeld« im Unterbauch, einige Zentimeter unterhalb des Nabels, nimmt von dort aus seinen Weg bis in die Haut des Unterbauches und verläuft dann in gerader Linie entlang der Vorderseite des Körpers über den Bauchnabel, die Brust, den Hals, das Kinn, die Unterlippe und endet in der Mitte des Unterkiefers.

Das Dienergefäß ist Ausdruck der »Funktionen« des Körpers – es versorgt die Organe mit reinem *ch'i*; allerdings bedarf es dazu der Steuerung (die durch das Gefäß *tu mo*, das Lenkergefäß, ausgeübt wird). Das Dienergefäß ist eng mit der Wahrnehmung verknüpft, die, wie das Dienergefäß selbst, nach vorne gerichtet ist. Störungen in den Wahrnehmungsfunktionen, zum Beispiel das weitverbreitete Problem »Kurzsichtigkeit«, hängen nicht selten mit einem ungenügenden Energiefluß im *jen mo* zusammen.

Doch wir wollen uns nicht länger bei der Theorie aufhalten, sondern uns gleich einigen Übungen zuwenden, die uns das Wirken des Dienergefäßes bewußt machen.

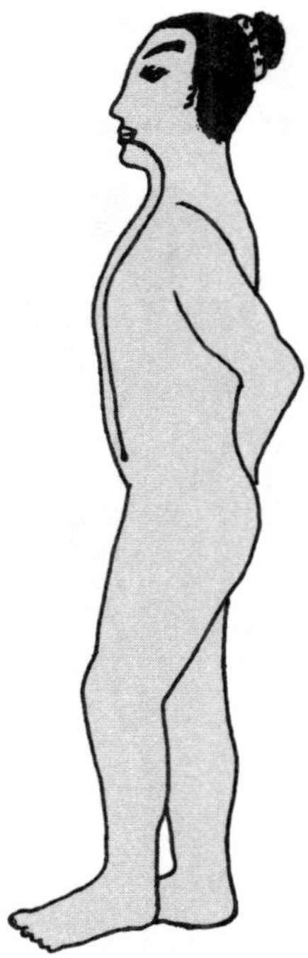

Das *ch'i* nach unten leiten

Wir können diese Übung im Sitzen, Stehen oder Liegen durchführen. Allerdings würden wir empfehlen, die Übung im Stand zu machen; zum ersten, weil im Stehen die Atmung nicht durch Druck behindert wird, und zum zweiten, da die Auswirkungen der Übung deutlicher zu spüren sind.

Wir konzentrieren uns ausschließlich auf die Ausatmung. Während wir ausatmen, verfolgen wir den »Atem« (in Wahrheit natürlich das *ch'i*) entlang des *jen mo*. Wichtig ist dabei, daß wir den Energiestrom *ununterbrochen* verfolgen. Wenn das Dienergefäß nicht vollständig geöffnet ist, wird der Energiefluß an den blockierten Stellen behindert. Durch das bewußte Verfolgen und Leiten des *ch'i* entlang dieser Bahn wird der Kanal durchlässiger.

Wenn wir das *ch'i* nach unten leiten, werden wir dabei einige interessante Wahrnehmungen machen: Unser Schwerpunkt scheint sich nach unten zu verlagern, wir stehen fester und gewinnen an Kraft.

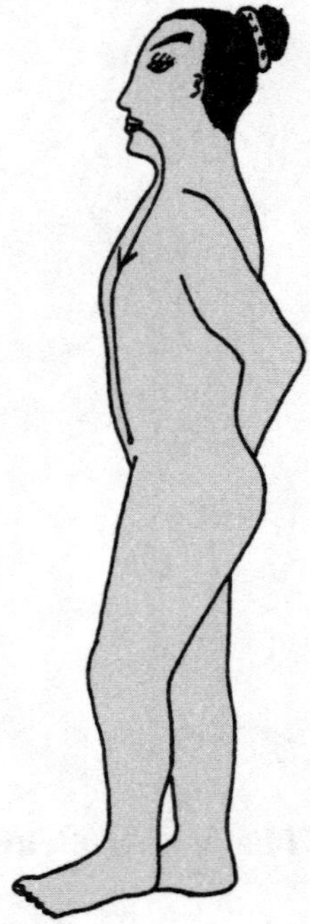

Außerdem werden wir bemerken, wie sich das Dienergefäß weiter öffnet und die Energie immer deutlicher wahrnehmbar wird.

Schon diese einfache Vorübung wird sich auf den Zustand und die Funktion unserer inneren Organe auswirken. Allerdings wird die Wirkung nicht viel länger anhalten, als die Übung dauert – doch wir werden im folgenden Kapitel, wenn wir lernen, die Energiezentren aufzuladen, auch lernen, diese Wirkungen dauerhaft zu machen.

Tu mo – Das Lenkergefäß

Auch das Lenkergefäß, *tu mo*, ist einer der ursprünglichen, embryonalen Energiekanäle. Es beginnt am Perineum, dem Damm zwischen Anus und Hoden, bzw. Vagina und zieht sich entlang der Wirbelsäule hoch zum Kopf, verläuft dann entlang der Mittellinie des Kopfes bis zur Oberlippe und endet in der Mitte des Gaumens.

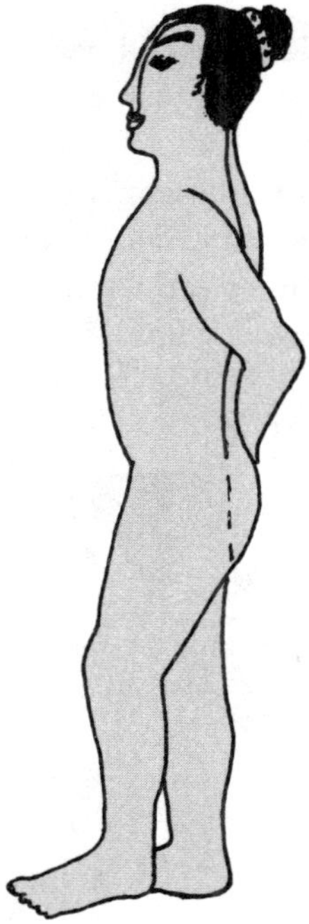

Das Lenkergefäß – der Name deutet es schon an – ist das Organ der Energie-Steuerung. Auch sein Verlauf, der mit der Wirbelsäule und dem Rückenmark korrespondiert, weist darauf hin: Über die Wirbelsäule laufen die Nervenbahnen, die – wenn auch auf einer anderen Ebene – die Energie lenken und alle unsere Organe und Bewegungen steuern. Dennoch ist es trotz oder gerade wegen dieser seltenen Übereinstimmung von taoistischen und anatomischen Vorstellungen wichtig, sich darüber im klaren zu sein, daß die Wirbelsäule nicht dasselbe wie das Lenkergefäß ist!

Aber das werden wir in der folgenden Übung selbst feststellen können.

Der Kleine Kreislauf des *ch'i*

In der vorausgegangen Übung haben wir das *ch'i* mit dem Ausatmen nach unten gelenkt. Nun wollen wir auch das Einatmen bewußt hinzunehmen und dabei der Energie entlang des *tu mo* folgen.

Dabei schließt sich ein Kreislauf. *Tu mo* und *jen mo* bilden nämlich in gewissem Sinne eine Einheit: den embryonalen Kreislauf (denn er besteht bereits beim Embryo) oder »Kleinen Kreislauf des *ch'i*«. In Zusammenhang mit diesem Keislauf gibt es einen Trick: An der »oberen Schaltstelle«, im Kieferbereich, wo die beiden Gefäße aufeinandertreffen, kann die Energie normalerweise nicht völlig ungehindert fließen, sondern muß den Weg von Oberkiefer zu Unterkiefer »überspringen« – diesen Energieverlust können wir je-

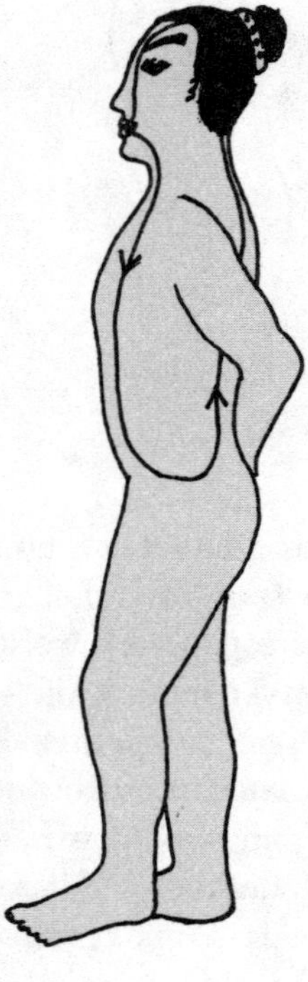

doch ganz einfach vermeiden, indem wir beim Üben (aber auch sonst so oft wie möglich) die Zunge gegen den Gaumen, knapp oberhalb der oberen Schneidezähne legen. Diese Technik ist auch im Yoga wohlbekannt. Die Wirkung kann jeder sofort an sich selbst ausprobieren.

Doch nun zum »Kleinen Kreislauf«. Wir beginnen mit der Ausatmung und folgen der Energie nach unten. Beim Einatmen halten wir jedoch diesmal die Konzentration aufrecht und folgen dem *ch'i*, indem wir einatmen, zunächst noch ein kleines Stückchen weiter nach unten, zum Perineum und von dort aus entlang des *tu mo*, die Wirbelsäule hoch, über den Kopf, bis in den oberen Gaumen, an die Stelle, wo ihn die Zunge berührt. Jetzt setzt die Ausatmung wieder ein und der Zyklus beginnt von neuem.

Die Atmung wird dabei *nicht* forciert. Sie sollte jedoch wellenförmig ablaufen, also ohne Unterbrechung zwischen Ein- und Ausatmung, und die Aufmerksamkeit sollte ihr ebenfalls ununterbrochen folgen.

Die Hauptschwierigkeit bei dieser Übung ist, das *ch'i* wirklich zusammen mit dem Atem zu lenken, so daß die innere Bewegung (die Aufmerksamkeit) und die äußere Bewegung (die Atembewegung) harmonieren und in derselben Geschwindigkeit ablaufen. Wenn also die Ausatmung endet, sollte auch die Bewegung des *ch'i* nach unten abgeschlossen sein. Mit dem Einatmen bewegt sich das *ch'i* dann wieder stetig nach oben (außer vom Scheitelpunkt bis zum Gaumen). Die innere und die äußere Bewegung aufeinander abzustimmen bedarf einiger Übung, doch wirklich *schwierig* ist es nicht.

Während die Übung »Das *ch'i* nach unten leiten« noch eine Vorübung war, beginnen wir mit dieser Übung bereits den Prozeß der Verstärkung und Vereinigung der Energie. Der »Kleine Kreislauf« wird uns die erste Zeit auf unserem Übungsweg begleiten.

Obwohl diese ersten Übungen ziemlich einfach erscheinen, haben sie doch eine große Wirkung. Schon als wir nur auf die Ausatmung achteten und das *ch'i* auf seinem Weg ins »Untere Zinnoberfeld« (über das im folgenden Kapitel noch ausführlich zu sprechen sein wird) begleiteten, konnten wir einen Zuwachs an innerer Kraft beobachten. Durch das Schließen des Kreislaufs wird diese Kraft weiter verstärkt – und das ist für die nächsten Übungsschritte wichtig.

Ch'ung mo – Das Zentralgefäß

Das Zentralgefäß, *ch'ung mo,* verbindet die Energiezentren, über die wir im nächsten Kapitel sprechen werden. Es verläuft durch die Mittellinie des Körpers, aber nicht wie die beiden anderen Gefäße an der Oberfläche, sondern im Inneren.

Das Zentralgefäß ist die »Wirbelsäule« unseres Energiekörpers. Das Zentralgefäß ist bei den meisten Menschen nicht oder kaum geöffnet. Diese Öffnung ist jedoch notwendig, um die Energie durch die Energiezentren bis in die »Edle Werkstatt der Geheimnisvollen Alchemie« steigen zu lassen, wo schließlich die Vereinigung der drei Energien *shen*, *ching* und *ch'i* stattfindet.

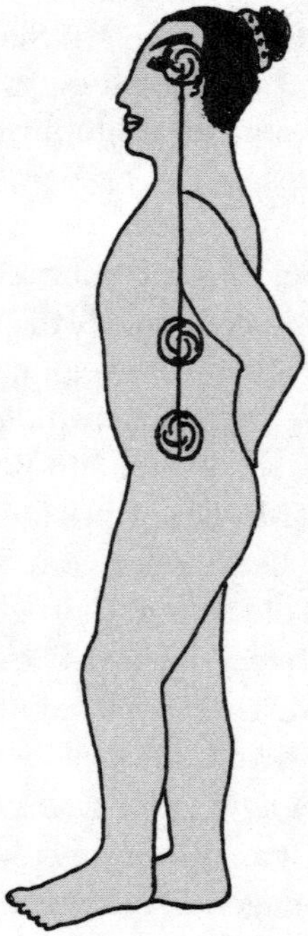

Die folgende Übung »Das *ch'i* im *ch'ung mo* steigen lassen« sollte erst nach einiger Erfahrung (ungefähr ein bis zwei Monate) mit der vorausgegangenen Übung »Der Kleine Kreislauf des *ch'i*« versucht werden. Wenn die Übung ausgeführt wird, bevor der Kleine Kreislauf vollkommen natürlich abläuft, kann das sogar zu Rückschlägen führen – der Anfänger sollte also nicht aus Ungeduld zu schnell auf diese Übung übergehen.

Das *ch'i* im *ch'ung mo* steigen lassen

Wir wollen nun auch durch den *ch'ung mo* Energie fließen lassen. Dabei ist es ganz besonders wichtig, den Strom des *ch'i* nicht abbrechen zu lassen.

Wir beginnen mit dem Kleinen Kreislauf und verfolgen das *ch'i* einige Male auf diesem Weg. Nach einem weiteren Ausatmen, bei dem wir das *ch'i* durch den *jen mo* nach unten (in das »Untere Zinnoberfeld«) geleitet haben, ziehen wir mit der folgenden Ausatmung nun die Energie *nicht* entlang des *tu mo* unsere Wirbelsäule empor, sondern durch den *ch'ung mo* in der Mitte unseres Körpers.

Dabei wird aller Wahrscheinlichkeit nach zunächst ein gewisser Widerstand spürbar. Hier gilt es nun, darauf zu achten, daß ein rechtes Gleichgewicht zwischen bewußtem Lenken des *ch'i* und

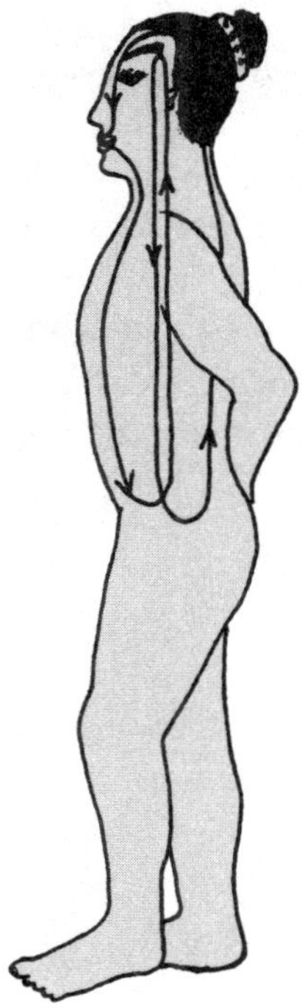

seinem freien Fließen bewahrt wird. Lassen wir das *ch'i* einfach frei fließen, wird es sich durch den *tu mo* nach oben bewegen. Wenn wir jedoch zuviel Kraft daran setzen, es durch den *ch'ung mo* zu ziehen, wird der Energiestrom abreißen und die Übung nutzlos machen – wie ja überhaupt zuviel Bemühen schadet! Es ist nicht wichtig, die Energie durch den gesamten *ch'ung mo* strömen zu lassen; das ist erst das Ergebnis einiger Übung.

Das *ch'i* wird also mit der Einatmung so weit es eben geht, ohne den Energiefluß abreißen zu lassen, entlang des *ch'ung mo* nach oben gezogen. Mit dem folgenden Ausatmen, wird die *ch'i*-Energie dann wieder auf demselben Weg durch den *ch'ung mo* nach unten geführt. Auch dabei ist es notwendig, die Aufmerksamkeit zu wahren, damit die Energie nicht zu schnell zurückfließt und der *ch'i*-Fluß abreißt.

Mit dem nächsten Einatmen leiten wir das *ch'i* wieder – wie gewohnt – durch *tu mo* nach oben. Mit der folgenden Ausatmung beginnt der Zyklus von neuem.

Diese Übung bereitet uns auf den ersten Schritt zur Unsterblichkeit vor: Wenn wir in der Lage sind, das *ch'i* auf die beschriebene Art und Weise zirkulieren zu lassen, werden wir uns daranmachen können, die »Drei Paläste«, die Energiezentren unseres Körpers, mit *ch'i*-Energie aufzuladen. Wenn wir das erste Energiezentrum, – genannt das »Untere Zinnoberfeld« oder das »Untere Elixierfeld« oder der »Palast am Grund des Tales« – aktiviert haben, haben wir die Stufe des sogenannten »Eisernen Körpers« erreicht.

Mit den Drei Elixierfeldern und der Verschmelzung der Energien werden wir uns nun im folgenden Kapitel befassen.

Die Drei Elixierfelder

Wir haben schon darüber gesprochen, daß die Energie nicht nur entlang bestimmter Meridiane und Gefäße fließt, sondern daß es auch Energiezentren gibt, in denen sich das *ch'i* sammelt und gereinigt wird. Um höhere Stufen der Entwicklung beschreiten zu können, ist es notwendig, diese Energiezentren aufzubauen und mit Energie aufzuladen. Für das Ziel der Vollkommenen Gesundheit und Unsterblichkeit ist die volle Funktionsfähigkeit der Energiezentren Voraussetzung.

In der mitunter etwas verschlüsselten Sprache der alten Taoisten wird der Prozeß des Weges zur Unsterblichkeit oft als Herstellung einer goldenen Pille beschrieben – was verständlicherweise bei Uneingeweihten zu einigen Mißverständnissen führte (und zum vorzeitigen Ableben der Experimentatoren). Die »goldene Pille« wird nicht äußerlich, in Schmelztiegeln und Öfen hergestellt, sondern innerlich, in unseren Energiezentren – die deshalb auch »Elixierfelder« oder »Zinnoberfelder« genannt wurden. Wegen ihrer Bedeutung wurden sie aber auch von einigen Autoren als »Paläste«

bezeichnet: »Der Palast am Grunde des Tales«, »Der karmesinrote Palast des Herzens« und »Der Palast des Jadekaisers«.

Die alten Meister hätten darüber gelacht, wenn sie gewußt hätten, daß wir uns über die Namen die Köpfe zerbrechen. Schließlich sind nicht die Bezeichnungen das Wichtige! Und doch haben auch die poetischen Namen eine gewisse Bedeutung.

In dem *Alten Buch der Unsterblichen über die Große Klarheit* und anderen Klassikern wird vorgeschlagen, die Energiezentren als »innere Kinder« zu visualisieren. Das mutet zunächst eher seltsam an. Und wenn wir die kuriosen Namen vernehmen, die die chinesischen Meister diesen »inneren Kindern« gegeben haben, wird uns der Sinn dieser Vorstellung nicht klarer: Eines heißt beispielsweise »Führer der Drei Grundlagen« oder »Edler Herr der Kaiserlichen Einheit der Großen Klarheit«.

Nur zu leicht geraten wir in die Versuchung, derlei als Unsinn abzutun oder zumindest als fernöstliche Kuriosität zu belächeln. Aber wir sollten die alten Taoisten nicht unterschätzen – sie haben sich dabei durchaus etwas gedacht. Diese »Kindlein« sind nämlich eine besonders gute Hilfe beim Visualisieren der Energieströme und der Aufladung der Energiezentren. Natürlich sind auch andere Vorstellungen möglich, und wir sollten wählen, was uns am besten bei unserem Vorhaben hilft. Zum Beispiel könnten wir die Vorstellung von Batterien, kommunizierenden Röhren und Wasserspeichern verwenden, oder auch die Vorstellung von Lichtstrahlen und Energiewirbeln (wie die indischen Chakras) – oder auch eine ganz andere, persönliche Vorstellung.

Die Visualisierung der »Kindlein« hat jedoch einige Vorzüge: Wenn wir »innere Kinder« als unsere Energiezentren visualisieren, gehen wir (im Gegensatz zur Vorstellung beispielsweise einer elektrischen Batterie) mit etwas Lebendigem um; dadurch vermeiden wir leichter ein allzu mechanisches Vorgehen, üben einfühlsamer und hören mehr auf unser Inneres. Wir füllen nicht rein mechanisch einen »Speicher«, sondern »nähren ein inneres Kind«. Ist das nicht eine schönere Vorstellung? Aber natürlich empfindet jeder anders und es ist keineswegs *notwendig*, die Vorstellung von den »inneren Kindlein« zu übernehmen.

Eine weitere interessante Eigenschaft der Visualisierung dieser »inneren Kinder« möchten wir noch kurz erwähnen. Es ergibt sich nämlich bei dieser Vorstellung ein unendlicher Kreislauf – auch in den »inneren Kindern« müssen wir ja konsequenterweise Energiekreisläufe annehmen; auch in jedem inneren Kind sind wieder »innere Kinder« und in diesen wiederum…

So haben wir die Unendlichkeit bereits in uns!

Der Palast am Grunde des Tales

Das erste Energiefeld, mit dem wir uns befassen wollen, liegt etwas unterhalb des Nabels, im Inneren unseres Unterbauches. Dieses Zentrum – »Der Palast am Grunde des Tales« – ist der Ort der Ruhe und Kraft, der Vitalität und Lebensenergie. Andere Namen für dieses Energiezentrum lauten »Unteres Zinnoberfeld«, »Unteres Elixierfeld« oder »Unteres Dantien«.

Wenn wir dem Bild der alten Taoisten folgen wollen, sitzt im »Palast am Grunde des Tales« ein neugeborenes Kind mit dem Namen »Das Geheime am Grunde des Tales«.

Im Osten spielt dieses unterste Zentrum eine ganz besondere Rolle. Die Entwicklung dieses Zentrums ist nicht nur die Grundlage für jede höhere spirituelle Entwicklung, sondern auch die Grundlage der Gesundheit und der Quell der Kraft, die auf körperlicher Ebene z.B. zu den erstaunlichsten Leistungen der asiatischen Sportler, Artisten und Kampfkünstler befähigt. Im chinesischen und japanischen Kulturkreis gilt der »Bauch« (japanisch *Hara*) denn auch als die Mitte des Menschen – nicht der Kopf!*

Wir haben schon ein wenig von der Kraft des »Bauches« erfahren, als wir uns mit der Vorübung »Das *ch'i* nach unten leiten« befaßt haben. Indem wir bewußt »in den Bauch« atmen, verlagern wir auch unseren Schwerpunkt weiter nach unten und können mehr körperliche Kraft aufbringen. Doch nun – wir haben bereits gelernt, das *ch'i* bewußt durch den Körper zirkulieren zu lassen – wollen wir die Andeutung der Kraft, die wir bei unserer ersten Übung vielleicht schon bemerkt haben, deutlich verstärken und vor allem dauerhafter machen.

* Über das interessante Thema »Bauch« haben wir ein eigenes Buch geschrieben: »Das Buch vom Bauch«, Hugendubel, München 1997.

Das Geheime am Grunde des Tales mit *ch'i* nähren

Wir wollen nun die Energie in unserem Bauch konzentrieren und bewahren – das Energiezentrum aufladen, oder »Das Geheimnis am Grunde des Tales nähren«.

Dafür greifen wir auf die letzte Übung des vorausgegangenen Kapitels. »Das *ch'i* kreisen lassen« zurück. Dort haben wir das *ch'i* im Kanal *ch'ung mo*, der entlang der senkrechten Zentrallinie des Körpers verläuft, steigen und wieder fallen lassen. Alle drei Elixierfelder liegen entlang dieses Kanals, so daß wir die Felder über diesen Kanal mit Energie aufladen können.

Zunächst wollen wir jedoch einmal versuchen, intuitiv zu spüren, wo sich das Untere Elixierfeld befindet. Wenn das Feld erst einmal mit Energie aufgeladen ist, wird es deutlich zu spüren sein, doch wie verhält es sich im Augenblick? Wir haben ja nun schon etwas Übung damit, auf Energieströme zu achten. Halten wir einmal einen Moment inne, legen die Hände auf unseren Unterbauch und versuchen darauf zu achten, ob wir eine bestimmte Stelle als besonders kraftvoll, schwer oder warm erleben. Diese Stelle ist der »Palast am Grunde des Tales« oder das Untere Elixierfeld – und diesen Ort wollen wir nun mit *ch'i* füllen.

Für diese Übung kehren wir den Fluß der Energie um. Mit dem Einatmen ziehen wir das *ch'i* entlang des *tu mo* bis zum Unteren Elixierfeld. Dort halten wir das *ch'i* fest und halten den Atem an. Im Anhang befindet sich ein Übungsplan, bei dem auch die Dauer der Atemhaltephasen angegeben ist. Wir sollten allerdings immer auch auf unsere Intuition hören und uns keinesfalls durch übertriebenes Atemhalten überfordern! Beim Ausatmen konzentrieren wir das *ch'i* weiterhin im Unteren Elixierfeld und lassen lediglich den verbrauchten Atem ausströmen.

Wir »nähren das Kind am Grunde des Tales« mit *ch'i*. Die Energie bleibt dabei stets in Bewegung – auch während wir den Atem halten – und kreist innerhalb des Elixierfeldes. Beim Ausatmen können wir uns auch vorstellen, wie wir »unreines *ch'i*« – negative Gedanken oder Gefühle oder unharmonische Schwingungen – mit der verbrauchten Luft ausströmen lassen. Wichtig ist es, die Konzentration und ein positives Gefühl im Unteren Elixierfeld zu bewahren.

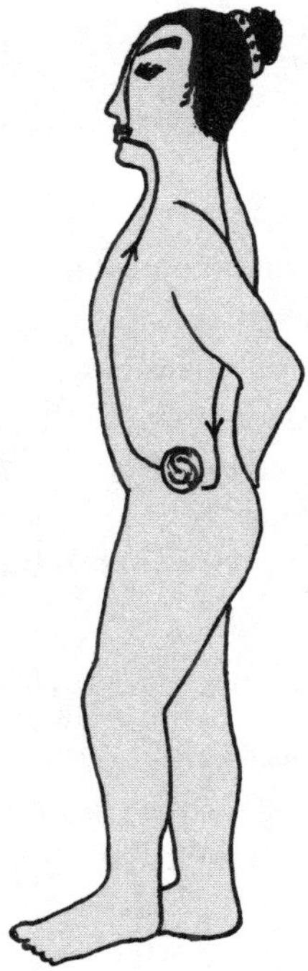

Die Atemhaltephase verlängert sich mit zunehmender Übung. Das ist einerseits ein Zeichen dafür, daß die Energien effektiver genutzt werden, andererseits ein Zeichen dafür, daß mehr Energie zur Verfügung steht. In den klassischen Schriften wird erwähnt, daß das gespeicherte *ch'i* soviel Energie liefert, daß der Adept schließlich atmet »wie der Embryo im Mutterleib« – vorerst genügt es allerdings, wenn wir die Luft zehn bis 20 Sekunden halten.

Nach den Übungen, die wir bereits gelernt haben, dürfte diese Technik keine besonderen Probleme bereiten. Wir sollten ihr jedoch ganz besondere Aufmerksamkeit widmen, da gerade die Entwicklung des Unteren Elixierfeldes die Voraussetzung für körperliches Wohlbefinden und Gesundheit ist – und selbstverständlich auch die Grundlage für die Entwicklung der darüberliegenden Elixierfelder. Wir sollten nicht versuchen, das Mittlere oder Obere Elixierfeld mit Energie aufzuladen, bevor das untere Elixierfeld weit genug entwickelt ist, da das leicht zu Rückschritten führt.

Wenn das Untere Elixierfeld seine volle Kraft erlangt hat, ist die erste Stufe auf unserem Weg zur Vollkommenen Gesundheit und Unsterblichkeit überwunden – wir sind auf der Stufe des »Eisernen Körpers« angelangt.

Es ist im übrigen wieder einmal an der Zeit darauf hinzuweisen, daß – auch wenn die Übungsbeschreibungen vielleicht ein wenig technisch anmuten – wir uns nicht zu den Übungen zwingen dürfen; sie sollten keine Anstrengung, sondern eine Erholung sein. Fühlen wir uns nach der Übung frisch und munter, so sind wir auf dem richtigen Weg; sind wir dagegen erschöpft, so können wir dies als Signal dafür nehmen, daß wir vom Weg abgewichen sind.

Der karmesinrote Palast des Herzens

Das Mittlere Dantien, Zinnoberfeld oder Elixierfeld befindet sich knapp zwei Handbreit oberhalb des Unteren Elixierfeldes, dort wo auch ein wichtiges Nervengeflecht, das sogenannte Sonnengeflecht oder der *Solarplexus* liegt.

Im »Karmesinroten Palast des Herzens« visualisierten die alten Meister ein »scharlachrot gewandetes Kindlein« mit dem Namen »Aus dem zweiten Geheimnis geborener Mandarin«.

Dieses Zentrum ist Quell von *shen*, dem Belebenden Geist, aber ihm entspringt auch die Kraft der Liebe. Die nun folgende Übung leitet den Prozeß der Vereinigung der Drei Energien ein. Mit der Übung sollte erst dann begonnen werden, wenn das Untere Elixierfeld gut entwickelt ist; ist dies nicht der Fall, so reicht die Energie nicht aus, um das Mittlere Elixierfeld aufzuladen, geht jedoch dem Unteren Elixierfeld verloren – statt weiteren Fortschritten würden sich eher Rückschritte einstellen.

Das Zweite Geheimnis mit *ch'i* nähren

Das *ch'i* soll nun weiter, entlang des Kanals *ch'ung mo,* in das Mittlere Elixierfeld aufsteigen und den »aus dem Zweiten Geheimnis geborenen Mandarin« nähren.

Erst einmal wollen wir versuchen, das Mittlere Elixierfeld intuitiv zu erspüren. Dazu legen wir die Hände auf unseren Oberbauch und versuchen darauf zu achten, ob wir eine bestimmte Stelle als besonders warm oder energiereich erleben. Diese Stelle ist der »Karmesinrote Palast des Herzens« oder das Untere Elixierfeld, das wir nun mit *ch'i* füllen wollen.

Auch bei dieser Übung kehren wir den Fluß der Energie um. Mit dem Einatmen ziehen wir das *ch'i* entlang des *tu mo* bis zum Unteren Elixierfeld und von dort aus bis ins Mittlere Elixierfeld. Dort halten wir das *ch'i* fest und halten den Atem an. Beim Ausatmen konzentrieren wir das *ch'i* weiterhin im Mittleren Elixierfeld und lassen mit dem verbrauchten Atem »unreines *ch'i*« über den *ch'ung mo* nach unten und dann über den *jen mo* ausströmen.

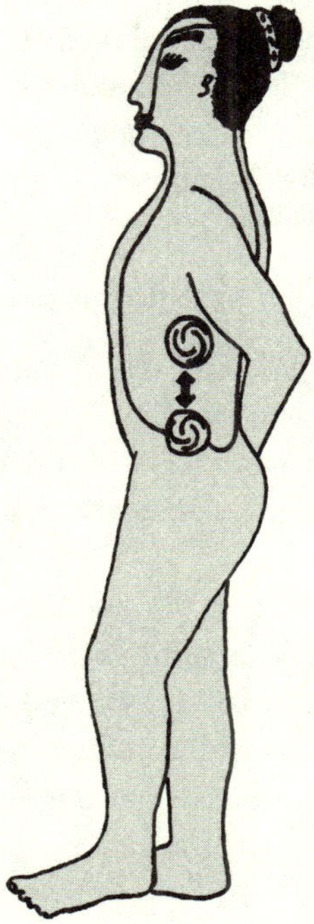

Die Schwierigkeit bei dieser Übung besteht darin, nicht zu sehr mit dem Willen das Aufsteigen der *ch'i*-Kraft erzwingen zu wollen. »Nur ein dummer Bauer zieht an den Setzlingen, damit sie schneller wachsen«, sagt man in China. Es ist, als ob wir ein Gewicht an einem ganz dünnen Faden, der gerade noch das Gewicht tragen kann, nach oben ziehen. Jede Hastigkeit, jeder plötzliche Ruck, jede Anstrengung gegen einen Widerstand wird den Faden zum Reißen bringen. Auch der *ch'i*-Strom ist zunächst ein sehr dünner Faden, der nur zu leicht reißt – also müssen wir vorsichtig und aufmerksam vorgehen. Im Laufe der Zeit wird das Mittlere Elixierfeld, indem es Energie speichert, den *ch'i*-Strom wie von selbst anziehen. Dann können wir zur nächsten Stufe – der Entwicklung des Oberen Elixierfeldes – übergehen.

Wenn wir damit begonnen haben, das Mittlere Elixierfeld zu entwickeln, haben wir bereits einen großen Teil unseres Weges zur Vollkommenen Gesundheit und Unsterblichkeit zurückgelegt. Wenn das Mittlere Elixierfeld seine volle Kraft erlangt hat, wird unsere Gesundheit bereits äußerst stabil sein. In der Meditation (die wir in einem der folgenden Kapitel behandeln) werden wir schnellere Fortschritte machen und unser seelisches Befinden wird immer mehr von Harmonie durchdrungen.

Der Palast des Jadekaisers

Das oberste der drei Energiefelder, der »Geheimnisvolle Paß«, das »Obere Zinnoberfeld«, das »Obere Elixierfeld« oder der »Palast des Jadekaisers« befindet sich in der Höhe der Augen, im Inneren des Schädels. Die Mitte des Palastes liegt vor der Mittellinie des Körpers.

Anatomisch gesehen befindet sich an dieser Stelle unter anderem der *lobus frontalis*, das sogenannte Stirnhirn, in dem – wie man aus Untersuchungen von Gehirnverletzungen weiß – der Teil der Persönlichkeit des Menschen, seine psychologische Individualität, sein »Ich«, sein Gewisen, sein Sozialverhalten und seine Spiritualität angesiedelt sind. Es ist natürlich nicht ganz unproblematisch, seelische und anatomische Begriffe auf diese Art in Verbindung zu bringen, doch Tatsache ist, daß Menschen, deren Frontalhirn durch einen Unfall oder einen Tumor geschädigt wird, eine grundlegende Veränderung ihrer Persönlichkeit erfahren.

Die alten Taoisten wählten für ihre Visualisierung ein »aufrecht sitzendes, fünffarbig gewandetes Kindlein«, den »Führer der Drei Grundlagen«. Die drei Grundlagen sind die drei Energien, *ching*, *shen* und *ch'i* – der »Führer der Drei Grundlagen« leitet dann, wenn er schließlich aktiviert wird, die Verschmelzung der Drei Grundlagen und die Entstehung der »goldenen Pille« in der »Edlen Werkstatt der Geheimnisvollen Alchemie« ein.

Die nun folgende Übung errichtet die Basis für den Prozeß der Vereinigung der Drei Energien. Der *ch'ung mo* wird durch die Übung vollkommen geöffnet, und die Grenzen zwischen den drei Energien verwischen sich. Wenn auch der Palast des Jadekaisers mit Energie gefüllt ist, beginnt die Umwandlung des Goldenen Körpers in den Diamantenen Körper – der Anfang der Unsterblichkeit.

Mit dieser Übung sollte erst dann begonnen werden, wenn das Untere und das Mittlere Elixierfeld gut entwickelt sind.

Den Führer der Drei Grundlagen mit *ch'i* nähren

Das *ch'i* soll nun weiter, entlang des Kanals *ch'ung mo*, in das Obere Elixierfeld aufsteigen und das dort »aufrecht sitzende, fünffarbig gewandete Kindlein« mit dem Namen »Führer der Drei Grundlagen« nähren.

Wir wollen auch das Obere Elixierfeld intuitiv spüren. Dazu schließen wir die Augen und konzentrieren uns auf eine Stelle zwischen und hinter den Augen. Die meisten Menschen haben keine Schwierigkeit, dort ein besonderes Kribbeln, eine Vibration, ein Licht oder ein Wärmegefühl wahrzunehmen – den »Palast des Jadekaisers« oder das Obere Elixierfeld.

Diese Übung entspricht den beiden vorausgegangenen. Wiederum kehren wir den natürlichen Fluß der Energie um und ziehen mit dem Einatmen das *ch'i* entlang des *tu mo* bis zum Unteren Elixierfeld, von dort aus bis ins Mittlere Elixierfeld und von dort bis ins Obere Elixierfeld. Dort halten wir das *ch'i* fest und halten den Atem an. Beim Ausatmen konzentrieren wir das *ch'i* weiterhin im Oberen Elixierfeld und lassen die verbrauchte Atemluft ausströmen, und leiten, wenn wir wollen, »unreines *ch'i*« über den *ch'ung mo* nach unten und dann über den *jen mo* nach außen.

Bei dieser Übung müssen wir noch mehr darauf achten, nicht zu sehr mit dem Willen das Aufsteigen der *ch'i*-Kraft erzwingen zu wollen. Die Strecke, über die das *ch'i* fließt, ist viel länger als bei

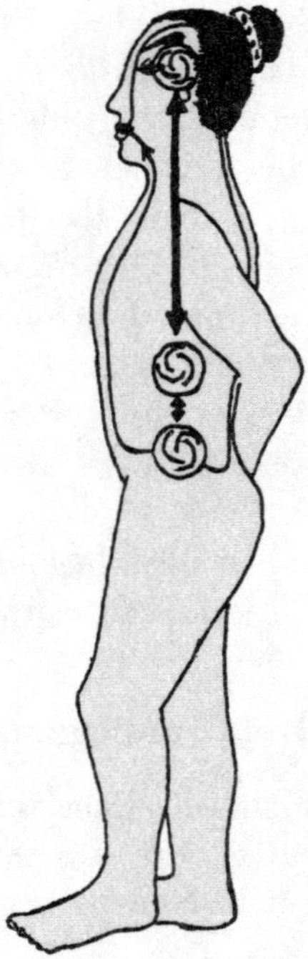

der vorigen Übung. Der Atem muß daher auch länger gehalten werden, was einiger Übung bedarf. Wenn wir den Atem länger halten, als es uns noch angenehm ist, kann das sogar ziemlich schädlich sein. Unsere Intuition sollte jedoch auf dieser Stufe bereits so weit entwickelt sein, daß uns derartige Fehler nicht mehr unterlaufen.

Auch das Obere Elixierfeld wird, indem es immer mehr Energie speichert, den *ch'i*-Strom schließlich wie von selbst anziehen.

Wenn wir das Obere Elixierfeld entwickelt haben, haben wir die Harmonie gefunden, die mit der Vollkommenen Gesundheit einhergeht und die uns direkt zur Unsterblichkeit führt. Wenn das Obere Elixierfeld seine volle Kraft erlangt hat, wird in der Meditation die gesammelte Energie aus dem Palast des Jadekaisers in die »Edle Werkstatt der Geheimnisvollen Alchemie« aufsteigen und die Substanz unseres Körpers in den unsterblichen Diamantenen Körper umwandeln.

Der Schmelztiegel der Energie

Der letzte Schritt auf dem Weg zur Unsterblichkeit vollzieht sich von selbst, wenn die drei Elixierfelder entwickelt sind. Es bedarf keiner zusätzlichen Übung (abgesehen von der taoistischen Meditation) – die innere Weisheit und Intuition sind dann so weit entwickelt, daß *wu wei*, das Nicht-Eingreifen, zur Selbstverständlichkeit wird.

Die alten Meister stellten sich den Vorgang etwa so vor: Wenn alle Elixierfelder mit Energie gefüllt sind, steigt die Energie in der taoistischen Meditation von selbst ins *ni wan* oder die »Edle Werkstatt der Geheimnisvollen Alchemie« auf, einem energetischen« »Hohlraum«, der sich dann mit den Drei Energien füllt und in dem die Herstellung der »goldenen Pille« stattfindet. Diese goldene Pille ist das Ergebnis der Verschmelzung der Drei Energien. Die »goldene Pille«, also die aus den drei Kräften entstandene Energie, wandelt dann allmählich den »Goldenen Körper« (der Zustand, der erreicht wird, wenn der *ch'ung mo* geöffnet ist und die Elixierfelder mit *ch'i* aufgeladen sind) in den unsterblichen Diamantenen Körper um.

Die Bewegungen der Fünf Tiere

五

獸

Von allen taoistischen Bewegungsübungen, die unter dem Namen *Qi Gong* bekannt sind, sind die »Bewegungen der Fünf Tiere« wohl die ältesten.

Als einer der berühmtesten Ärzte Chinas, *Hua Tuo*, dessen Name auch heute noch im Reiche der Mitte weithin bekannt ist, vor nunmehr über tausend Jahren, zur Zeit der Han-Dynastie, zum ersten Mal eine Form der Bewegungen der Fünf Tiere aufzeichnete und ihre Anwendung für Heilzwecke beschrieb, waren diese Übungen schon mindestens ein Jahrtausend lang mündlich von taoistischen Meistern an ihre Schüler weitergegeben worden. Diese Meister hatten die Übungen nach eingehender Beobachtung der Natur und ihrer Gesetzmäßigkeiten entwickelt, um besser in Harmonie mit dem Tao, im Einklang mit der Natur, leben zu können – und dadurch der vollkommenen Gesundheit und schließlich der Unsterblichkeit näherzukommen.

Die alten Taoisten richteten ihren Blick auf das Ganze, nicht nur auf ihr eigenes Inneres, sondern auch auf das Äußere – denn letztlich ist beides ja eins. Sie waren deshalb auch ausgezeichnete Naturbeobachter. Das zeigte sich sowohl in der taoistischen Kunst – die mit Tusche gezeichneten Naturszenen lassen den wunderbaren Einklang der Meister mit der Natur erahnen – als auch in den taoistischen Übungen, die einen wichtigen Bestandteil der taoistischen Alchemie der Unsterblichkeit bilden.

Die Einsiedler beobachteten das Wasser, den Himmel, die Pflanzen und vor allem auch die wilden Tiere im Wald, im Gebirge und im Feld; doch nicht wie Natur*forscher* nur deren äußere Gestalt, nicht nur deren Verhalten – vielmehr nahmen sie das *Wesen* der Tiere in sich auf: die Spannkraft des Tigers, die Kraft des Hirsches, die Ruhe des Bären, die Leichtigkeit des Kranichs oder die Beweglichkeit des Affen.

Bei den »Bewegungen der Fünf Tiere« geht es nicht um ein bloßes Nachahmen typischer Bewegungen. Die äußeren Bewegungen *sind* wichtig, insbesondere für die Erhaltung des Körpers; sie regen den Kreislauf an, stärken die Muskulatur, führen zu mehr Flexibilität und sind, ihren Vorbildern folgend, harmonisch und natürlich. Doch so vorteilhaft auch die äußere Bewegung ist: die sie begleitenden *inneren* Bewegungen sind das eigentliche Geheimnis der »Bewegungen der Fünf Tiere«.

Die Anleitung, sich zu jeder Bewegung in das dargestellte Tier einzufühlen, ist keine religiöse Zeremonie, keine mystische Verbindung oder lediglich eine traditionelle Zutat; der Gebrauch der Vorstellungskraft und des Einfühlungsvermögens gehört ebenso zu den Übungen, wie die Bewegung.

Welch großen Einfluß die Kraft innerer Vorstellungsbilder auf körperliche Vorgänge haben kann, ist in den letzten Jahrzehnten auch bei uns im Westen deutlich geworden. In der Psychosomatik ist schon seit einiger Zeit bekannt, daß Körper und Geist in einer engen Wechselbeziehung stehen, daß seelische Belastungen zu körperlichen Krankheiten führen können. Die Psychoneuroimmunologie – einer der jüngsten Zweige der medizinischen Wissenschaft – hat diese Beziehungen eingehender erforscht und festgestellt, daß geistige Vorgänge zur Ausschüttung bestimmter Hormone, der sogenannten Neuropeptide führen; Gefühle und Gedanken kommunizieren sozusagen auf chemischer Ebene. Dabei ist es von besonderer Bedeutung, daß negative Vorstellungen dem Körper schaden, während positive, harmonische Gefühls- und Gedankenbilder über Hormone und Neurotransmitter das Immunsystem stärken und die Funktion der inneren Organe verbessern können.

Inzwischen gibt es einige Techniken, die sich diese Erkenntnisse zunutze machen und praktisch umsetzen. Beim Biofeedback-Training werden körperliche Vorgänge, wie die Muskelspannung, über Geräte optisch oder akustisch dargestellt, so daß sie bewußt wahrgenommen werden können; durch bildhafte Vorstellungen gelingt es dem Übenden dann nach und nach, diese physiologischen, normalerweise nicht beeinflußbaren Vorgänge zu kontrollieren und auf diese Art und Weise Muskelspannungen abzubauen, den Blutdruck zu senken, oder den Hautwiderstand herabzusetzen. Noch neuere Methoden, wie die *Silva-Methode* oder das *Simonton-Training* setzen gezielt bildhafte Vorstellungen, Phantasiereisen und positives Denken ein, um Krankheiten, unter anderem auch Krebs, zu bekämpfen – mit beachtlichem Erfolg.

Die Übungen, bei denen Bewegungen, Eigenschaften und Verhalten von Tieren den taoistischen Meistern als Vorbild dienten, beruhten bereits auf demselben Prinzip wie unsere modernsten Visualisierungs- und Imaginationstechniken! Sie gehen sogar noch darüber hinaus: In den »Bewegungen der Fünf Tiere« werden die Bilder nicht nur über den Geist und die Gefühle, sondern ebenso durch die körperliche Bewegung und den Atem aufgebaut. Der *ganze* Mensch ist also beteiligt – die vorteilhaften Wirkungen der taoistischen Übungen übersteigen daher immer noch alles, was »wir« in den letzten Jahren und Jahrzehnten wissenschaftlich erforscht haben.

Die »Bewegungen der Fünf Tiere« sind – wenn sie nicht mechanisch, sondern mit Unterstützung durch die Kraft unserer Vorstellung geübt werden – einer der taoistischen Wege zu einer umfassenden, ganzheitlichen Harmonie.

Harmonie bedeutet, daß wir dem Tao folgen. Dem Tao folgen bedeutet, den Weg der Unsterblichkeit gehen.

Im Laufe der Jahrhunderte entstanden Hunderte von Formen der »Bewegungen der Fünf Tiere«. Jeder Meister betonte dabei jene Aspekte, die ihm besonders wichtig erschienen – der eine legte besonders Wert auf die Atmung, ein anderer auf die Beweglichkeit, ein dritter auf die Koordination der Bewegung, ein vierter auf die geistigen Aspekte und die Meditation in der Bewegung. Schon sehr früh wurden die Übungen auch als Heilbehandlung beschrieben: Der bereits erwähnte berühmte Arzt und taoistische Meister der

Han-Dynastie (847 bis 951), *Hua Tuo,* verfaßte eine der ältesten Schriften zu diesem Thema.

Die »Bewegungen der fünf Tiere« gehören heute zu den am weitesten verbreiteten und beliebten Qi-Gong-Übungen. Es gibt sehr leichte und sehr schwierige Varianten, doch die Intensität der Übung hängt nicht von ihrer Schwierigkeit, sondern ausschließlich von ihrer inneren Harmonie und von ihrer Verbindung mit der Vorstellungskraft ab – und natürlich von der Häufigkeit, Regelmäßigkeit und der individuellen Ausführung.

Die Form, die wir in diesem Buch vorstellen wollen, stellt keine besonderen körperlichen Anforderungen an den Übenden. Sie dient auch nicht in erster Linie der Heilbehandlung oder der Entwicklung ungewöhnlicher Körperkräfte. Muskeln, Sehnen und Bänder werden gestärkt, doch nicht über das Maß hinaus, das notwendig ist, damit wir uns leicht und fließend bewegen können. Die Atmung wird sich vertiefen, doch üben wir keine Atemkontrolle aus, sondern überlassen das Atmen unserer Natur. (Eine kleine Vorübung zum Wiederfinden unserer natürlichen Atmung haben wir ja bereits im Kapitel »Die Drei Energien« besprochen.) Die Form führt auch zur Meditation, doch das ist nicht der Beginn, sondern das Ergebnis der Übung.

Die hier gezeigte Form der »Bewegungen der Fünf Tiere« ist ganz auf unser Ziel, dem Erreichen der vollkommenen Harmonie mit dem Tao ausgelegt.

Noch ein kleiner Hinweis, bevor wir mit den Übungen beginnen: Die Bewegungen sind mit voller Absicht nicht bis ins kleinste Detail beschrieben; anfangs wird deshalb möglicherweise ein wenig Unsicherheit darüber bestehen, wie denn die jeweilige Bewegung genau auszuführen ist. Es ist ganz einfach – sie muß überhaupt nicht »genau« ausgeführt werden! Jede genaue Beschreibung würde die Individualität jedes Schülers mißachten und ihm möglicherweise eine Bewegung aufzwingen, die ihm nicht angemessen ist und so eher schadet als nützt. Durch allmähliches Einfühlen werden wir im Laufe der Zeit die Bewegungen vervollkommnen und zu unserer eigenen Form finden; in dem Maße, in dem unsere Intuition und unser Gefühl für unseren Körper wächst, werden die Bewegungen der Fünf Tiere schöner und natürlicher.

Das bedeutet aber nun nicht, daß die Bewegungen nahezu beliebig ausgeführt werden sollten. Die Hinweise, die wir geben, sind das Wesentliche der äußeren Aspekte der Übungen. Wenn manche Bewegungen auch anfangs vielleicht etwas steif wirken, so daß es scheinen mag, als ob sie anders besser ausgeführt werden könnten, so würden wir doch empfehlen, unsere wenigen Hinweise zu beachten, da sie auf langer traditioneller und persönlicher Erfahrung beruhen.

Es gilt also das rechte Gleichgewicht zwischen der beschriebenen Form und der eigenen Individualität zu finden. Aber lassen wir uns dadurch nicht beunruhigen – indem wir üben, werden wir verstehen.

Der Tiger

虎

Spannkraft und die Schnelligkeit sind hervorragende Eigenschaften des Tigers. Seine Muskeln sind gespannt, aber nicht *ver*spannt – jederzeit ist er in der Lage, mit enormer Geschwindigkeit seine Beute zu verfolgen und zu schlagen. Dabei ist er stets voll konzentriert und wach. In den Bewegungen des Tigers liegen aber auch Schönheit und Eleganz. In der chinesischen Symbolik entspricht der Tiger dem Feuer-Element.*

Wenn wir die Bewegungen des Tigers üben, trachten wir danach, die Spannkraft, die Schnelligkeit, aber auch die Eleganz und die Schönheit des Tigers in unserer Übung zu verwirklichen.

* Über die Fünf-Elemente-Lehre und die Fünf Wandlungsphasen werden wir im Kapitel über die rechte Ernährung noch etwas mehr sagen.

Der Tiger schleicht durch den Wald

Da der Tiger seine Beute nicht aufschrecken will, schleicht er ganz langsam und vorsichtig. Er setzt seine Pranken so leicht und ruhig auf, daß kein Ästchen zerbricht. Aufmerksam schiebt er die Zweige beiseite, darauf achtend, nicht das geringste Geräusch zu verursachen. Dennoch sind seine Bewegungen vollkommen gleichmäßig und fließend.

Wir wollen nun versuchen, das Schleichen des Tigers nachzuahmen. Dazu gehen wir erst einmal nur ganz langsam und ruhig im Kreis; damit wir die Bewegung wirklich kontrolliert ausführen können, heben wir nicht einfach die Beine, sondern verlagern zunächst unser ganzes Gewicht auf ein Bein, so daß das andere ganz frei ist. Dann bringen wir das andere Bein nach vorne und setzen den Fuß langsam mit der Ferse auf. Bevor wir nun das hintere Bein nach vorne bewegen, muß erst der vordere Fuß fest auf dem Boden stehen und unser ganzes Gewicht tragen. Auf diese Art und Weise gehen wir im Kreis, bis wir diese Bewegung als vollkommen angenehm und natürlich empfinden. Immer wieder sollten wir dabei an den Tiger denken – wir ahmen ja seine Bewegung nach. Wir bewahren also während des Gehens die Konzentration und die Aufmerksamkeit des Tigers.

Der Tiger geht ja nun nicht auf zwei Beinen, sondern auf allen vieren. Wir werden nicht auf allen vieren gehen – das wäre eine sehr plumpe Imitation, die das Wesentliche völlig verfehlte: Denn der Tiger bewegt sich ja elegant und fließend auf vier Beinen, wie es seiner Natur entspricht. Wenn wir diese Eleganz und Natürlichkeit nachempfinden wollen, müssen wir den Gegebenheiten *unseres* Körpers folgen. Deshalb werden wir unsere »Vorderpfoten«, also unsere Arme und Hände zwar gebrauchen, aber sie nicht auf den Boden setzen.

Denken wir kurz an die Pranken des Tigers und versuchen wir, sie durch die Haltung unserer Hände nachzuahmen. Die »Tigerhand« ist geöffnet und die Finger sind locker gestreckt (nicht überstreckt!), wobei sich die Finger nicht berühren sollten.

Die Arme beschreiben im Gehen abwechselnd kleine Kreise vor dem Körper. Dabei erreicht die rechte Hand ihren tiefsten Punkt immer dann, wenn das gesamte Körpergewicht auf dem rechten Bein liegt; für die linke Hand und das linke Bein gilt das Entsprechende.

Wenn wir die Bewegung auf diese Art und Weise in ihre einzelnen Teile zerlegen, erscheint sie vielleicht etwas kompliziert. Doch wenn wir im Auge – und vor allem im Sinn – behalten, daß wir mit dieser Bewegung den Tiger nachahmen, wie er durch den Dschungel schleicht, so wird sich nach einiger Übung die richtige Bewegung wie von selbst ergeben.

Der Tiger spannt sich zum Sprung

Wenn der Tiger durch den Wald schleicht, erspäht er irgendwannn einmal seine Beute. Dann spannt er sich zum Sprung. Seine ganze Konzentration richtet sich auf sein Ziel, er schätzt die Entfernung und seine Kraft ein, legt sein Gewicht auf die hinteren Beine, die Sprungbeine, und schnellt dann ganz plötzlich nach vorn.

Aus dem Gehen heraus setzen wir ein Bein weiter als gewöhnlich nach vorn, verlagern das Körpergewicht auf das vorne stehende Bein, gleiten mit dem anderen Bein nach hinten und drehen den Fuß ein wenig zur Seite. Dann verlagern wir unser Gewicht zurück auf dieses Bein. Dabei sinken wir ein wenig und beugen das hintere Bein, während das vordere Bein locker (!) gestreckt ist. Die Füße bleiben dabei mit ihren Sohlen ganz auf dem Boden, auch der Fuß des vorderen Beines, auf dem nur sehr wenig Gewicht lastet.

Gleichzeitig mit der Gewichtsverlagerung ziehen wir die Hand, die sich auf der Seite des Standbeines befindet, nach oben, bis in die Höhe des Ohres. Die andere Hand sollte etwa in Höhe des Knies des vorderen Beines sein. Die Hände bilden weiterhin die Tigerpranken, doch werden jetzt »die Krallen gezeigt«, d.h., die Hände werden ein wenig nach oben, in Richtung des Unterarmes gebeugt. Dadurch entsteht eine kraftvolle Spannung in den Armen. Wir vergegenwärtigen uns dabei das Bild des Tigers, der sich auf den Sprung vorbereitet.

Wir werden bei dieser Form den Sprung nicht wirklich ausführen, aber doch sein Bild nachempfinden: Wir halten eine Weile die Spannung und konzentrieren uns auf einen Punkt vor uns. Dann führen wir den »Sprung« aus – wir schnellen die Arme nach vorn und verlagern das Gewicht auf das vordere Bein, kehren aber sogleich wieder in unsere ursprüngliche Position zurück. Bei dem Nach-vorne-Schnellen »fauchen« wir, wie der Tiger, d.h., wir atmen tief und kräftig aus. Die Konzentration halten wir dabei stets weiter auf den bestimmten Punkt gerichtet, den Punkt, den die Hände beim Vorstoßen erreichen.

Diese Bewegung wird schnell ausgeführt. Anfangs nicht zu schnell, damit wir sie gut kontrollieren können – aber sie sollte kei-

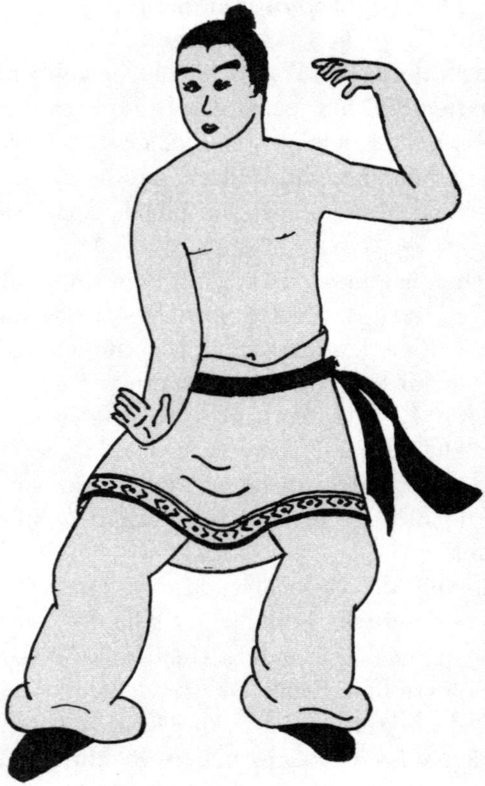

nesfalls langsam sein! Wir wiederholen das Lauern und den Sprung mindestens dreimal auf jeder Seite; zwischendurch gehen wir allerdings wieder einige Schritte (»Der Tiger schleicht durch den Wald«).

Der Tiger schlägt mit den Pranken

Manchmal trifft der Tiger auf einen anderen Tiger in seinem Revier. Dann verteilt er einige warnende Prankenhiebe. Der Prankenschlag des Tigers ist blitzschnell und genau. Wenn er zuschlägt, faucht er und sein ganzer Körper ist in Bewegung, ohne aus dem Gleichgewicht zu geraten.

Diese Übung muß unbedingt schnell ausgeführt werden. Wenn wir uns in das Wesen des Tigers hineinversetzen, wird die Bewegung richtig werden. Schnell heißt jedoch nicht unkontrolliert. Wie alle Bewegungen des Tigers, so ist auch der »Prankenhieb« vollkommen kontrolliert, flüssig und elegant.

Wir gehen wie der Tiger (s.o.). Plötzlich bleiben wir stehen. Das Gewicht bleibt zunächst auf dem hinteren Bein. Doch dann schlagen wir »mit den Pranken«. Erst mit der Hand, die sich auf der gleichen Seite wie das hintere Bein befindet; dabei verlagern wir unser Gewicht auf das vordere Bein. Gleichzeitig »fauchen« wir, indem wir den Atem schnell ausstoßen und wieder einziehen. Der zweite Prankenhieb erfolgt mit der anderen Hand; wieder fauchen wir und verlagern gleichzeitig das Gewicht wieder zurück auf das hintere Bein.

Auch diese Bewegung sollte mindestens dreimal hintereinander ausgeführt und dann nach einigen Schritten nochmals wiederholt werden.

Der Hirsch

Der Hirsch ist ein stolzes Tier, voller Selbstbewußtsein, mit erhobenem Haupt schreitet er durch den Wald. Er tritt mit Festigkeit auf und ist sich seiner Macht bewußt, wenn er mit seinem Geweih kämpft und seine Konkurrenten aus seinem Revier vertreibt. In der chinesischen Symbolik der Elemente entspricht dem Hirsch das »Element« Metall.

Indem wir die Bewegungen des Hirsches nachahmen, versuchen wir, sein Selbstbewußtsein, seinen aufrechten Gang und seine Stabilität, seine Festigkeit in uns aufzunehmen.

Der Hirsch schreitet durch das hohe Gras

Wenn der Hirsch über die Lichtung schreitet und auf seine Nebenbuhler stößt, hebt er sein Geweih im vollen Bewußtsein seiner Macht. Dabei hebt er auch seine Beine, um noch imposanter zu wirken und seine Größe noch besser zur Geltung kommen zu lassen. Er tritt kräftig auf den Boden, aber seine Bewegung ist gleichmäßig und fließend.

Wir versuchen nun, das Schreiten des Hirsches in einer uns angemessenen Art und Weise nachzuahmen; dabei fühlen wir uns ganz in das Wesen dieses Tieres ein. Unser Kopf ist erhoben – er trägt ja das mächtige Geweih – und wir stehen ganz aufrecht. Das Geweih ist die »Waffe« des Hirsches – da wir (hoffentlich) kein Geweih tragen, symbolisieren wir es dadurch, daß wir die Arme neben unseren Kopf heben. Die Hände sind dabei zu Fäusten (unsere »Waffen«) geballt.

Wenn wir »wie der Hirsch schreiten«, heben wir die Beine (natürlich abwechselnd) so weit, daß sich die Oberschenkel parallel zum Boden befinden. Wir stehen dennoch fest und sicher auf dem einen Bein. Ganz langsam senken wir dann das erhobene Bein und setzen den Fuß mit der gesamten Fußfläche kraftvoll auf den Boden und spüren die Sicherheit, die uns der feste Boden gibt. Die Beine werden dabei nie ganz gestreckt, so daß wir uns wirklich sicher und federnd bewegen können.

Langsam verlagern wir dann unser gesamtes Körpergewicht auf das zuletzt erhobene Bein und heben das andere. Der Kopf bleibt

dabei stets aufrecht und die Arme (die das Geweih des Hirsches nachahmen) bewegen sich beim Heben der Beine leicht nach unten und beim Auftreten wieder nach oben – diese Bewegung erfolgt jedoch nicht künstlich und erzwungen, sondern ergibt sich aus der Bewegung des gesamten Körpers und der Atmung.

Der Hirsch stößt mit dem Geweih

Wenn der Hirsch auf seine Nebenbuhler trifft, kommt es zu einem mehr oder weniger spielerischen Kampf, bei dem der Hirsch mit dem Geweih stößt. In diesen Stößen liegt die ganze Kraft des maje-

stätischen Hirsches. Auch wenn der Hirsch mit dem Geweih stößt, den Kopf senkt und dreht, so verliert er dabei doch nie das Gleichgewicht.

Wir »schreiten wie der Hirsch« – dann, wenn wieder beide Beine auf dem Boden stehen, verlagern wir unser Körpergewicht nach vorne, drehen den Körper leicht zur Seite und beugen uns seitlich nach unten. Im Idealfall liegt der Oberkörper parallel zum Boden. Mit unseren Armen und Fäusten (unserem »Geweih«) stoßen wir nun kraftvoll nach vorne, indem wir das hintere Bein und die Arme ein wenig strecken.

Das Stoßen wiederholen wir mindestens dreimal, richten uns dann wieder auf, machen ein paar Schritte und beugen uns dann zur anderen Seite, um »mit dem Geweih« zu stoßen.

Der Hirsch hebt den Kopf

Nach dem siegreich bestandenen Kampf verleiht der Hirsch seiner Lebensfreude Ausdruck, indem er den Kopf hoch emporhebt und seine Stimme laut klingen läßt.

In diese Bewegung legen wir all unsere innere Kraft und Lebensfreude. Wir »schreiten wie der Hirsch«. Einen Schritt machen wir nun etwas weiter, so daß die Beine etwas mehr als schulterbreit auseinanderstehen. Wir sinken ein wenig in die Knie, so daß wir unseren Schwerpunkt tiefer legen. Dann beugen wir uns leicht nach vorne, gehen noch ein wenig mehr in die Knie und atmen tief ein.

Beim folgenden Ausatmen richten wir uns ganz auf, strecken die Beine wieder ein wenig (aber nicht völlig) und legen den Kopf in den Nacken. Indem wir nun die Arme strecken, atmen wir tief aus.

Bei diesem Ausatmen atmen wir mit der verbrauchten Luft auch all unsere Sorgen und Ängste ab und fühlen uns ganz und gar im Hier und Jetzt, wir spüren unseren Körper und die Erde und spüren, wie uns ein neues Selbstbewußtsein durchdringt. Das Ausatmen können wir noch weiter unterstützen, indem wir mit unserer Stimme einen lauten, tiefen Ton erzeugen. Die Vibrationen dieses Klanges förden die positiven Kräfte dieser Übung.

Wir wiederholen diese Übung mindestens dreimal hintereinander.

Der Bär

熊

Stärke ist eine der Eigenschaften, die der Bär symbolisiert. Spielerisch entfaltet er seine Kraft, aber wenn er einer Bedrohung gegenübersteht, kann seine Stärke sehr gefährlich für den Angreifer werden. Insbesondere beim Verteidigen ihrer Jungen entwickelt die Bärin auch einen ungeheuren Mut, der selbst eine Überzahl von Feinden in die Flucht schlägt. Wenn er jedoch nicht bedroht wird, strahlt der Bär eine tiefe Ruhe aus; manchmal wirkt er sogar behäbig – aber das täuscht: Auch in der Ruhe ist der Bär beweglich und schnell. Ihm entspricht in der chinesischen Symbolik das Element Erde.

Diese Kombination aus den Eigenschaften Ruhe, Mut und Stärke wollen wir in unsere »Bewegungen des Bären« legen und dadurch diese Eigenschaften auf uns selbst übertragen. Wir legen alle Angst ab und führen alle Bewegungen des Bären ruhig und kraftvoll aus.

Der Bär schreitet durch den Fluß

Der Bär bewegt sich kraftvoll und ruhig. Er steht sicher, selbst wenn er durch den reißenden Fluß schreitet.

In dieser Übung versuchen wir, die ruhigen, sicheren Bewegungen des Bären nachzuahmen. Wenn wir »gehen wie der Bär«, überprüfen wir jede einzelne Bewegung im Hinblick auf unsere Standfestigkeit. Wir stehen wie der Bär sicher und fest, auch im stark strömenden Wasser. Die angreifenden Kräfte lassen wir an uns abprallen und setzen unsere Bewegungen stets fließend und ruhig fort.

Um diesen sicheren Gang nachzuempfinden, stehen unsere Füße mehr als schulterbreit auseinander. Ganz langsam und gleichmäßig verlagern wir unser Gewicht auf ein Bein, heben dann ebenso langsam das andere und setzen es einen Schritt nach vorne. Dabei setzen wir den Fuß mit dem Fußballen auf, rollen ihn langsam ab und verlagern dann unser Gewicht auf dieses Bein.

Gleichzeitig bewegen wir auch unsere »Vorderpfoten« – die Arme und Hände. Unsere Hände bilden dabei die Bärentatzen nach, indem wir die Finger ein wenig nach innen krümmen; der Daumen wird dabei wie die anderen Finger gehalten. Wenn wir nun einen Schritt nach vorne machen, drehen wir unseren Körper ein wenig zu der Seite des Beines, das wir nach vorne bringen. Gleichzeitig bewegen wir beide Arme auf diese Seite und schieben mit den Händen kraftvoll nach seitlich hinten.

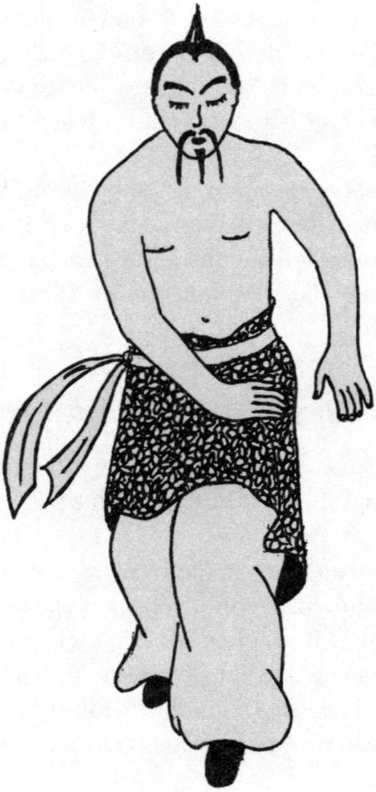

Der Bär droht den Wölfen

Wenn der Bär angegriffen wird, reagiert er nicht blindlings mit Aggression oder Angst; bevor es zum Kampf kommt, verläßt er sich auf seinen Mut und die Furcht, die seine Größe und Kraft dem Gegner einflößen und schlägt Angreifer allein dadurch schon oft in die Flucht: Er richtet sich auf seinen Hinterbeinen auf, zeigt sich in seiner ganzen Größe und droht dem Feind – der dann meist verängstigt das Weite sucht.

Wir legen also in die folgende Übung eine innere Ruhe, die auf dem Bewußtsein der eigenen überlegenen Kraft beruht. Bei dieser Übung versuchen wir, einen Mut in uns zu wecken, der größte Gefahren besteht.

Beide Beine stehen parallel zueinander, die Füße etwas mehr als schulterbreit auseinander. Nun sinken wir in die Knie, möglichst so

weit, daß Ober- und Unterschenkel einen Winkel von 90 Grad bilden (so als säßen wir auf einem Stuhl). Der Rücken bleibt dabei möglichst gerade. Die Arme werden so gehalten, als umarmten sie einen großen Ball. Aus dieser tiefen Position richten wir uns nun zu unserer vollen Größe auf und heben die Arme (die Hände bilden bei allen Bewegungen des Bären die »Bärentatzen«) weit über den Kopf.

Mit einem brummenden Ton (der die Stimmbänder lockert und zu einer volleren und klareren Stimme führt) atmen wir tief aus und blicken mit »mutig funkelnden Augen« auf den Boden herab. Dabei versuchen wir in uns ein Gefühl des Mutes und der inneren Stärke zu wecken.

Dann gehen wir wieder »wie der Bär« und wiederholen die Übung – insgesamt mindestens dreimal.

Der Bär umklammert einen Baum

Spielerisch umklammert der Bär einen Baum – zu keinem besonderen Zweck, nur um seine Kraft zu fühlen. Diese Kraft ist enorm, aber stets unter Kontrolle.

Diese Bewegung ist sehr einfach. Deshalb gelingt es uns noch leichter, sie mit ganzer Konzentration und vollkommen gleichmäßig auszuführen.

Wir sinken wieder ein wenig in die Knie und breiten die Arme aus. Dabei atmen wir ein. Beim Ausatmen richten wir uns ein wenig auf (die Knie bleiben dabei jedoch leicht gebeugt) und »umklammern den Baum«. Um unsere Kraft tatsächlich zur Wirkung bringen zu können und da wir wahrscheinlich nicht gerade vor einem Baum stehen, führen wir die Umarmungsbewegungen so weit, bis unsere Hände unsere Schultern umfassen – die rechte Hand die linke Schulter und die linke Hand die rechte Schulter. Wir legen nun einige Kraft in diese Umarmung und spannen dabei die Muskeln unserer Arme, Hände, Schultern und unseres oberen Rückens.

Nach einigen Atemzügen entspannen wir uns wieder, gehen einige Schritte (im »Bärengang«) und wiederholen das »Umarmen des Baumes« mindestens dreimal.

Der Kranich

鶴

In China gilt der Kranich als Symbol für Langlebigkeit und Weisheit. Als Vogel, der sich mit einigen wenigen Bewegungen in die Lüfte erheben kann, haftet er nicht schwer an der Erde, sondern bewegt sich mit Leichtigkeit von einem Element (Erde) zum anderen (Luft). Dadurch symbolisiert er auch eine geistige Leichtigkeit, eine geistige Klarheit. Ihm wird das Element Luft zugeordnet.

Die Eigenschaften des Kranichs, seine Weisheit, seine Klarheit und Leichtigkeit wollen wir in unserer Übung darstellen und in uns aufnehmen.

Der Kranich steht auf einem Bein

In der darstellenden Kunst wird der Kranich typisch im seichten Wasser auf einem Bein stehend gezeigt. In dem äußeren Gleichgewicht, das er dabei hält, spiegelt sich das innere Gleichgewicht wider. So steht der Kranich ruhig und harmonisch und blickt dabei aufmerksam um sich.

Wir versuchen nun, die innere Harmonie und das äußere Gleichgewicht des Kranichs in unserer Haltung wiederzugeben.

Wir heben langsam ein Bein, bis die Ferse etwa in Höhe des Knies des anderen Beines ist. Auf der Seite des Beines, das wir anheben, heben wir gleichzeitig auch den Arm. Die Handfläche wendet sich dabei nach oben. Die Finger sind gerade und liegen aneinander. Der andere Arm wird nach unten gestreckt, wobei sich die Handfläche zum Boden hin wendet.

Langsam drehen wir den Oberkörper in der Richtung des angehobenen Beines. Gleichzeitig wechseln wir die Positionen der

Arme und Hände – die erhobene Hand bewegt sich nach unten, die nach unten weisende Hand nach oben.

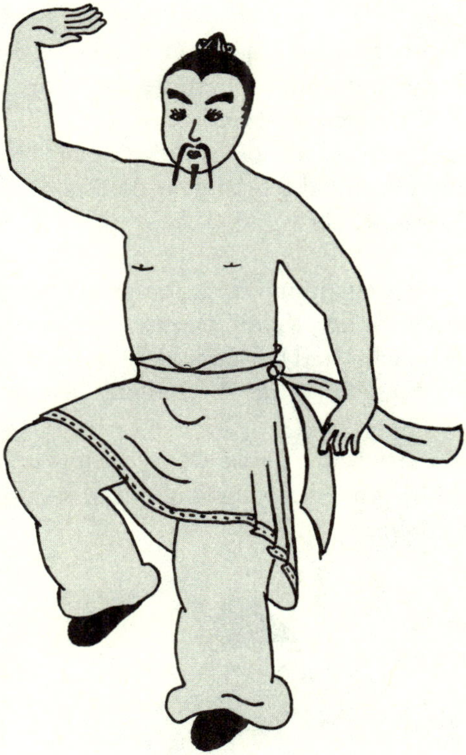

Ebenso langsam drehen wir uns nun zur anderen Seite und wechseln wieder die Hand- und Armpositionen.

Diesen Wechsel vollziehen wir mindestens sechsmal.

Dann stellen wir das erhobene Bein wieder auf den Boden und heben nun das andere Bein und wiederholen die gesamte Übung auf diesem Bein stehend.

Der Kranich fängt Fische

Der Kranich – wie auch der Mensch – ist sehr geschickt darin, Fische zu fangen. Allerdings fängt er sie mit dem Schnabel – was dem Menschen in der Regel nur selten gelingt. Worauf es uns bei dieser

Bewegung ankommt, ist die Konzentration, die Koordination und das Gleichgewicht, mit dem der Kranich seine Bewegung ausführt.

Wir wollen versuchen, diese Fähigkeiten in der folgenden Übung darzustellen. Wir bereiten die Bewegung im Geist vor, nehmen sie in der Vorstellung voraus und führen sie dann zügig, gleichmäßig und ohne das Gleichgewicht zu verlieren aus.

Die Bewegung selbst ist nicht schwierig durchzuführen: Aus dem Kranichstand senken wir das erhobene Bein und stellen es einen Schritt nach hinten. Gleichzeitig senken wir auch den erhobenen Arm.

Ohne die Bewegung zu unterbrechen gehen wir in die Hocke, kreuzen die Arme vor den Knien (unsere Arme symbolisieren den Schnabel des Kranichs) und berühren dabei – wenn möglich – den Boden mit den Fingern (in der Vorstellung fangen wir nun den Fisch).

Wir führen die Bewegung direkt wieder weiter zurück in den aufrechten Stand; die Arme schwingen also sich kreuzend im Halbkreis vor dem Körper.

Die Übung wird mindestens dreimal wiederholt.

Der Flug des Kranichs

In keiner Bewegung des Kranichs zeigt sich seine Leichtigkeit, sein Schweben über den Dingen so sehr wie im Flug. Mit ruhigen, langsamen und mühelosen Flügelschlägen schwebt er über dem Wasser.

Bei dieser Übung sollten wir uns ganz leicht fühlen und über den Dingen stehen, die uns belasten – aber dennoch sicher auf dem Boden stehen. Wir beginnen die Bewegung »Der Flug des Kranichs« direkt, ohne Unterbrechung im Anschluß an die vorausgegangene Übung »Der Kranich fängt Fische«. Unsere Handflächen wenden wir zum Boden, so daß die Fingerspitzen zum Körper zeigen, und heben die gestreckten Arme; die Hände schwingen dabei, wie die Flügelspitzen des Kranichs, sanft mit.

Wenn wir nun die Arme wieder senken – so als führten wir einen Flügelschlag aus –, stellen wir ein Bein einen Schritt nach hinten und drücken die Fußsohle gegen den Boden.

Dann heben wir die »Flügel« wieder und bringen dabei das hintere Bein wieder nach vorne, neben das andere.

Bei der Wiederholung der Übung setzen wir das andere Bein zurück und dann wieder vor.

Den gesamten Ablauf wiederholen wir mindestens fünfmal.

Der Affe

猴

Bei uns ist »Affe« fast ein Schimpfwort. Nicht so in China. Dort sieht man vor allem dessen bewundernswerte Beweglichkeit; aber auch seine Wahrnehmungskraft und Klugheit – der Affe ist eines der intelligentesten Lebewesen. Und seine Lebensweise macht ihn auch zu einem Symbol der Lebensfreude. Er versteht es, sich den Gegebenheiten klug anzupassen; daher entspricht ihm in der Elementensymbolik das Wasser.

Vom Affen können wir die körperliche und geistige Beweglichkeit lernen, wir nehmen unsere Umwelt bewußt und intensiv wahr und versuchen auch der Lebensfreude in unseren Bewegungen Ausdruck zu verleihen.

Der Affe steigt auf den Baum

Der Affe klettert ohne Mühe auf den Baum – aber nicht nur mühelos: Wer Affen beobachtet, wie sie spielerisch von Ast zu Ast schwingen, sich gegenseitig im Spiel verfolgen und immer wieder neue Bewegungen ausprobieren, der erkennt, daß diese Tiere Spaß an der Bewegung, am Klettern und Umherspringen haben. Diese Freude an der Bewegung legen wir in unsere Übung.

Die erste Bewegung des Affen ist ganz einfach. Wir stehen bequem, mit leicht gebeugten Knien und geradem Rücken. Nun heben wir beide Arme bis in Kopfhöhe; die Hände sind offen und die Daumen stehen den anderen Fingern gegenüber (nur die Affen und der Mensch haben Hände, bei denen dies möglich ist). Wir greifen abwechselnd mit der linken und der rechten Hand nach oben und schließen dann die Hand, so als ergriffen wir einen Ast. Wir greifen fest zu, ziehen den Arm mit Spannung in den Armmuskeln nach unten und stellen uns dabei vor, daß wir uns an dem Ast, den wir halten, nach oben ziehen. Dann greifen wir mit der anderen Hand einen »höheren Ast«, lassen die erste Hand wieder los und ziehen uns nun wieder ein Stück höher.

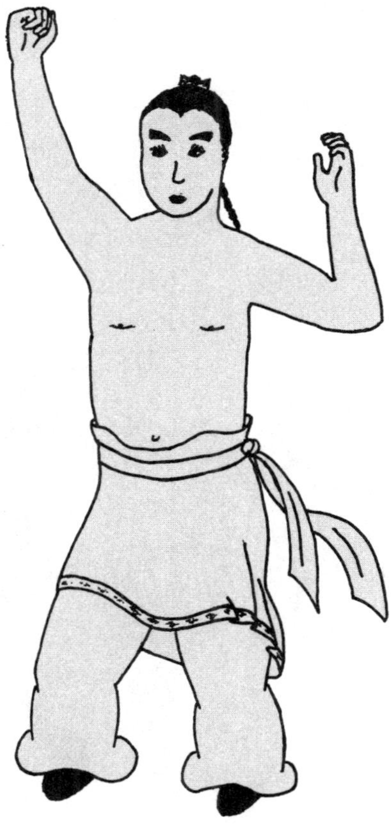

Wenn die Vorstellung deutlich ist, so wird die Bewegung ganz anders ausfallen, als wenn wir den Arm rein mechanisch nach unten bewegen. Da in der Vorstellung unser ganzes Körpergewicht an einem Arm hängt, wird sich der Körper leicht drehen und wir werden andere Muskeln anspannen. Hier ist die Wirkung der Vorstellungskraft ganz besonders direkt und eindeutig sichtbar.

Der Affe blickt aufmerksam um sich

Wenn der Affe auf den Baum gestiegen ist, hält er sich fest und blickt neugierig und aufmerksam umher. Die Aufmerksamkeit ist auch notwendig, wenn man sich oben in den Baumkronen bewegt.

In unserer Bewegung ahmen wir auch die geistige Bewegung, die Aufmerksamkeit und Neugier des Affen nach. Aus der vorangegan-

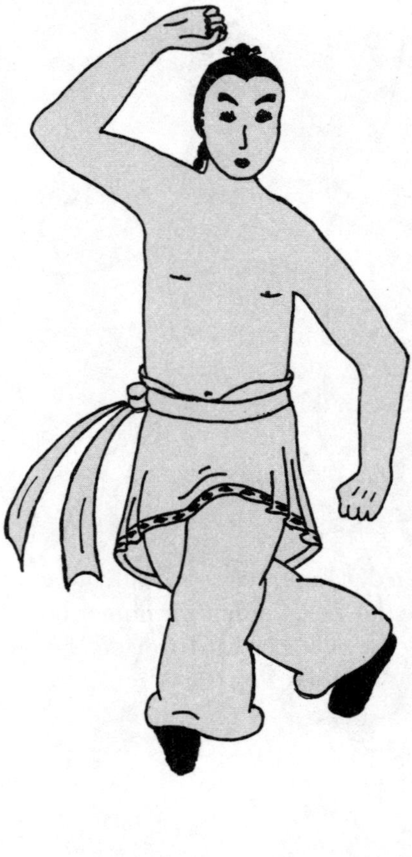

genen Bewegung (»Der Affe steigt auf den Baum«) drehen wir uns in die Richtung des Armes, den wir gerade nach unten ziehen und stellen gleichzeitig den Fuß des Beines der anderen Seite hinter uns und nach innen. Den Arm, den wir nach unten bewegen, bringen wir nun noch weiter nach unten und stellen uns vor, wie wir uns an einem Ast unter uns festhalten. Gleichzeitig halten wir uns mit der anderen Hand an einem Ast über uns fest.

Nun drehen wir den Kopf einige Male nach rechts und nach links und blicken neugierig und aufmerksam um uns. Wichtig ist bei dieser Stellung auch, daß wir unser Gleichgewicht gut halten.

Der Affe streicht sein Fell

Die Affen sind für ihre Reinlichkeit bekannt. Sie pflegen ihr Fell mit großer Sorgfalt und sind sich ihres Körpers ganz bewußt.

Die folgende Bewegung des Affen dient nicht so sehr unserer Fellpflege – dazu fehlt es uns an Fell und überdies sind vielleicht Wasser und Seife doch besser für diesen Zweck geeignet. Die Bewegungen sind aber doch auch für uns wichtig: Wir versuchen, auch weniger oft berührte Partien unseres Körpers zu erreichen, gewinnen dadurch an Beweglichkeit und Körperbewußtsein und verabreichen uns überdies eine kleine Selbstmassage.

Wir stehen möglichst bequem, mit leicht gebeugten Knien und streichen nun abwechselnd mit der linken und rechten Hand über unsere Kopfmitte, dann über unseren Hinterkopf und immer weiter hinab, so gut es geht. Schließlich streichen wir auch noch einige Male über unsere Schultern und die Außenseiten der Arme hinab.

Bei diesen Bewegungen versuchen wir ganz deutlich unseren Körper zu spüren und die sanfte Massage, die wir uns dabei geben, zu genießen.

Die »Bewegungen der Fünf Tiere« können uns ein Leben lang begleiten. Im Laufe der Zeit werden wir immer beweglicher werden und unser Körperbewußtsein wird steigen. Durch das intensive Einfühlen in die Bewegung, den Einsatz unserer Vorstellungskraft, üben wir uns aber auch geistig und nähern uns damit wichtigen Aspekten der taoistischen Meditation.

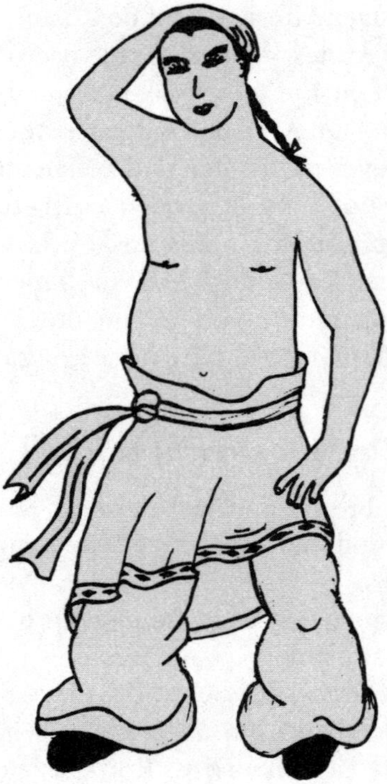

Die erste und zunächst deutlichste Wirkung dieser Übungen wird jedoch im körperlichen Bereich stattfinden. Unsere Muskeln, Sehnen, Bänder und Gelenke werden kräftiger, unsere Flexibilität erhöht sich, unsere Atmung wird tiefer und unsere Organe werden durch die sanfte Massage, die die Bewegungen auf sie ausüben, in ihrer Funktion gestärkt. Diese Übungen des »äußeren Qi Gong« sind auch ein vorzügliches Mittel, um die körperliche Gesundheit und vor allem auch das Wohlbefinden, das Sich-Wohlfühlen im eigenen Körper zu steigern und zu erhalten.

Das Geheimnis taoistischer Meditation

正確坐禪

Schon einer der ältesten und bedeutendsten taoistischen Meister, *Chuang Tse*, machte sich über die Versuche einiger, sich auf den Taoismus berufenden Alchemisten lustig, die Unsterblichkeit mit Pillen und Zauberei erreichen zu wollen; aber auch ausschließlich mit Atmung oder Übung würde man letztendlich das eigentliche Geheimnis der taoistischen Alchemie nicht erfassen. Das eigentliche Geheimnis liegt in der rechten Meditation.

Was unter Meditation zu verstehen ist, haben wir bereits in einem der ersten Kapitel besprochen und dabei festgestellt, daß sich der meditative Bewußtseinszustand immer dann einstellt, wenn wir uns mit Freude einer Betrachtung ganz hingeben und unsere geistigen Kräfte sammeln. Meditation sollte nicht anstrengend sein – ja, eigentlich könnten wir sogar sagen, eine Meditation, die Anstrengung bedeutet, ist sinnlos. Wir können uns nicht durch bemühte Anstrengungen in einen ruhigen, konzentrierten und doch entspannten »gesammelten« Zustand begeben. Wenn wir jedoch den Atem und die Gedanken beruhigen und uns an dem, was wir gerade tun, mit voller Hingabe erfreuen, werden wir oft von selbst in den Zustand der Meditation gelangen.

Vielleicht haben wir, wenn wir uns mit den bisher vorgestellten Übungen befaßt haben, bereits Meditationserfahrungen gesammelt; ja sogar mit spezifisch taoistischen Formen der Meditation. Wenn wir uns darauf konzentrieren, das *ch'i* im »Kleinen Kreislauf« zu leiten, wenn wir die »Drei Paläste« mit Energie aufladen, wenn wir die Bewegungen der Fünf Tiere üben, können wir dabei durchaus in den Meditationszustand kommen. Eines unserer Ziele wird sogar sein, die Meditation in *allem* was wir tun, aufrechtzuerhalten – natürlich erst recht, wenn wir uns unseren taoistischen Übungen hingeben. Aber um es noch einmal deutlich zu sagen: Meditation ist nicht Tagträumen!

Voraussetzung dafür, in einen meditativen Zustand einzutreten, ist, daß wir nicht durch herumirrende Gedanken oder Gefühle abgelenkt werden. Deshalb ist die *konzentrative Meditation*, also eine Form der Meditation, die die Konzentration auf einen Gegenstand, ein Bild, einen einzelnen Gedanken, ein Gefühl, den Atem oder eine Bewegung einsetzt, um die Beruhigung des Geistes zu erreichen, die am weitesten verbreitete Meditationstechnik – und auch diejenige, mit der man beginnen sollte.

Die höchste Form der Meditation ist jedoch – den taoistischen Meistern zufolge – die Meditation, die sich auf keinen Gegenstand bezieht, sondern das Tao selbst zum »Gegenstand« hat. Erst wenn wir »eins mit dem Tao« werden, können wir die Unsterblichkeit erreichen, das höchste Ziel der taoistischen Alchemie.

Wie das vonstatten gehen kann, werden wir in diesem Kapitel beschreiben. Dabei werden wir in drei Schritten vorgehen, wobei wir nochmals mit einer konzentrativen Meditationsform beginnen und uns schließlich der höchsten Stufe der Taoistischen Meditation nähern wollen.

Voraussetzungen für die Meditation

Es gibt einige Bedingungen, die es uns erleichtern, in meditative Zustände zu kommen. Mit zunehmenden Fortschritten verlieren die meisten dieser Bedingungen an Bedeutung, doch gerade für den Anfänger sind sie sehr wichtig. Haben wir das Stadium erreicht, in dem wir alles, was wir tun, in einer meditativen Haltung tun, werden äußere Bedingungen schließlich nahezu völlig unwichtig.

Wenn wir jedoch zu meditieren beginnen, drängen sich immer wieder Gedanken, Wahrnehmungen, Gefühle, körperliche Empfindungen, Sorgen und der Wunsch, etwas zu erreichen, in unser Bewußtsein und halten uns davon ab, unsere geistigen Kräfte zu sammeln und die wunderbare Erfahrung der Meditation zu machen.

Anfangs ist es daher äußerst hilfreich, zunächst einmal äußerliche Ruhe herzustellen. Wenn es uns möglich ist, sollten wir dafür sorgen, nicht gestört zu werden und einen Ort wählen, an dem wir nicht vom Lärm abgelenkt werden. Auch helles Licht oder grelle Farben sind möglichst zu vermeiden (was relativ einfach dadurch zu bewerkstelligen ist, daß wir die Augen schließen).

Der Einsatz von Musik zur Meditation, den viele Menschen, die beginnen zu meditieren, so sehr lieben, ist etwas problematisch. Natürlich können wir uns ganz der Musik hingeben, was sicherlich eine sehr schöne Art zu meditieren ist. Doch leider ruft Musik Assoziationen und innere Bilder hervor (was ja auch gerade das Wunderbare an der Musik ist), die uns ablenken oder uns zum Träumen verleiten – was ja auch sehr schön ist, nur ist eben Träumen keine Meditation! Meditationsmusik ist in den meisten Fällen eher Entspannungsmusik! Wir empfehlen also, Meditation nur in Stille zu üben; das Musikerleben *nach* der Meditation wird dann übrigens um so intensiver sein.

Zu den äußeren Störungen trägt auch unbequeme Kleidung bei. Zu enge Kleidung kann sogar ziemlich schädlich sein, wenn sie die Atmung behindert oder die Durchblutung der Beine hemmt. Wir würden sogar empfehlen, sich eine besondere Meditationskleidung bereitzulegen, die auch frei von den Gerüchen (z.B. Tabakrauch) und Schadstoffen ist, die sich in unserer Alltagskleidung ansammeln, uns belasten und die Meditation stören können.

Kleidung kann durch unangenehme körperliche Wahrnehmungen Störungen der Meditation verursachen. Das passiert auch, wenn wir unseren Körper innerlich belasten – beispielsweise indem wir direkt vor der Meditation eine Mahlzeit zu uns nehmen. Wenn wir dann zur Ruhe kommen wollen, spüren wir die Nahrung schwer im Magen liegen und eventuell sogar ein wenig die Atmung hemmen. Außerdem benötigt der Verdauungsvorgang Energie, die wir doch zur Sammlung unserer geistigen Kräfte gut brauchen können, und nicht zuletzt stellt sich nach einer Mahlzeit auch eine gewisse Müdigkeit ein, die der Meditation nicht gerade zuträglich ist. Deshalb sollten wir uns daran gewöhnen, etwa eine Stunde vor der Meditation nichts zu essen.

Um nun zum entgegengesetzten Teil des Verdauungsvorgangs zu kommen: Bevor wir meditieren, sollten wir unsere Notdurft verrichten – eine volle Blase stört ziemlich sicher die Meditation.

Einer der wichtigsten Punkte für die Meditation ist schließlich die richtige Haltung – die innere, wie die äußere. Dieser Punkt ist so wichtig, daß wir darüber im folgenden Abschnitt ausführlich sprechen wollen.

Prinzipiell können wir jederzeit meditieren, doch aus mehreren Gründen gibt es bestimmte Zeiten, die am besten für die Meditation geeignet sind, nämlich der frühe Morgen, kurz vor Sonnenaufgang und der späte Abend, vor dem Einschlafen. Ganz besonders der frühe Morgen ist eine hervorragende Zeit für die Meditation –

wir stecken noch nicht so sehr in den Alltagsgedanken, sind besonders aufnahmebereit und nehmen die Kraft des neuen Tages mit in die Meditation. Zudem gibt es kaum einen besseren Weg, den Tag zu beginnen! Am allerbesten ist es, gleich nach dem Aufstehen und der Morgentoilette, noch vor dem Frühstück, mit der Meditation zu beginnen.

Der Abend ist aus anderen, aber ebenso guten Gründen eine gute Zeit zum Meditieren. Am Abend, vor dem Schlafengehen, haben wir die Alltagsgeschäfte erledigt und können uns nun unbeschwert der Ruhe hingeben. Es werden zwar die Gedankenströme intensiver sein als morgens, doch dafür ist der Nutzen der Meditation um so größer, wenn es uns gelingt, diese Gedanken vor dem Schlaf zur Ruhe zu bringen. Schlafstörungen werden sich bessern und wir werden weniger von unangenehmen Träumen heimgesucht. Weiterhin wird die Verbindung unseres Unterbewußtseins zum Traumbewußtsein intensiver werden und uns bei unserer seelischen Entwicklung unterstützen. So ist die Meditation nicht nur der beste Weg, den Tag zu beginnen, sondern auch ihn zu beenden!

Meditationshaltungen

Das Wort »Haltung« hat eine doppelte Bedeutung: einerseits die äußere Haltung des Körpers, andererseits die innere Haltung, unser Charakter und unsere Ein*stellung*. Über die innere Haltung gäbe es natürlich viel zu sagen; doch wir wollen uns hier auf zwei wichtige Punkte beschränken, da unsere innere Haltung nicht so sehr Voraussetzung, als vielmehr eines der Ziele der Meditation ist.

Unverzichtbar für den Erfolg der Meditation ist eines: nämlich, daß wir während dem Meditieren nichts mit der Meditation erreichen wollen. Natürlich wünschen wir uns all die Vorteile der Meditation, doch wenn wir nur noch das Ziel sehen, werden wir schnell vom Weg dorthin abkommen. Nicht das Ziel sollte unser Führer sein, sondern die Freude. Die rechte Haltung in der Meditation ist die unmittelbare Freude an dem Versuch zu meditieren. Selbstverständlich wird diese innere Haltung anfangs nicht immer leichtfallen; aber sie wird durch die Meditationsübung ihrerseits gefördert – wenn wir uns nur des Fallstrickes bewußt sind, den das Festhalten an einem Ziel bedeutet.

Ein Geheimnis der taoistischen Meditation besteht in einem weiteren Aspekt der inneren Haltung, dem sogenannten »Inneren Lächeln«. Jeder, der es einmal ausprobiert hat, weiß: Wenn wir versuchen, mit einem Gefühl der inneren Heiterkeit Dinge anzugehen, fühlen wir uns leicht, beschwingt und »erhoben«. Es ist – wie so vieles im Taoismus – denkbar einfach. Und darin liegt die einzige Schwierigkeit. Wenn wir mit der Einstellung des »Inneren Lächelns« in diese Meditation gehen, werden wir ihre Vorteile um so schneller zu spüren bekommen!

In diesem Abschnitt wird es jedoch nun vor allem um die äußere Haltung gehen, die der Meditation förderlich ist.

Natürlich taucht oft die Frage auf, was denn die körperliche Haltung mit der Meditation, die doch vor allem ein geistig-seelischer Vorgang ist, zu tun hat. Tatsächlich ist die äußere Haltung von enormer Bedeutung für den Erfolg der Meditation. Immerhin dient der gesamte Hatha-Yoga (die bekannten Körperübungen des Yoga) eigentlich vor allem dazu, auf die Meditation vorzubereiten! Selbst von vielen Anhängern des Yoga wird das oft übersehen.

Die Gründe für die Bedeutung der Körperhaltung sind ebenso vielfältig wie einleuchtend: Nur wenn der Atem frei fließt, kann das *ch'i* frei fließen, nur wenn wir nicht durch unangenehme Körperempfindungen abgelenkt werden, können wir in den meditativen Zustand eintreten. Eine gute Meditationshaltung darf also nicht die Atmung behindern – das erreichen wir dadurch, daß wir die Wirbelsäule aufrecht halten. Die Haltung sollte stabil sein, so daß wir sie anstrengungslos bewahren können; sie sollte Entspannung ohne Erschlaffung ermöglichen und keine Müdigkeit erzeugen.

Die folgenden Stellungen, die die genannten Eigenschaften aufweisen, haben sich im Laufe der Jahrtausende bewährt:

Im Stehen meditieren:

Im Stehen fehlt es zwar ein wenig an Stabilität; doch für den Anfänger hat diese Stellung auch Vorteile. Zumindest besteht nicht die Gefahr einzuschlafen. Im Stehen ist es auch ziemlich leicht, die Wirbelsäule geradezuhalten. Die Vorstellung, daß der Kopf am Scheitelpunkt von einem Faden leicht nach oben gezogen wird und sich gleichzeitig der Schwerpunkt des Körpers nach unten verlagert, wodurch sich die Knie ein wenig beugen und das Becken nach vorne kippt, wobei die untere Wirbelsäule begradigt wird, hilft dabei, die richtige Stellung zu finden. Die Füße stehen etwa schulterbreit auseinander.

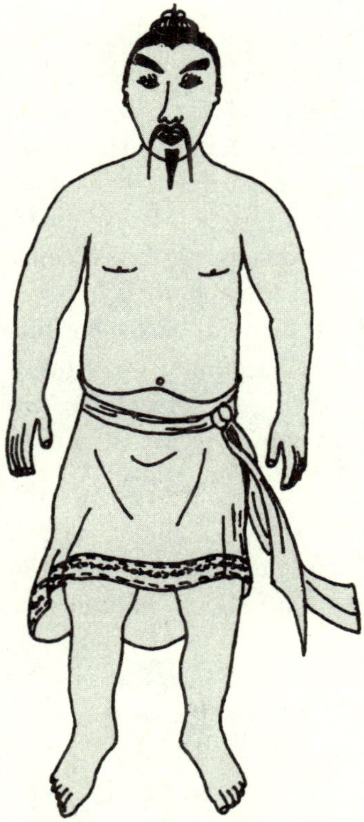

Meditation im Sitzen auf einem Stuhl:
Für Menschen, denen es schwerfällt zu stehen, die aber auch nicht ohne Probleme mit stark gebeugten Beinen sitzen können, ist es oft am leichtesten, auf einem Stuhl sitzend zu meditieren. Das normale Sitzen ist allerdings eine Haltung, die sehr leicht zu Verspannungen und Haltungsschäden führt; deshalb gilt es, einige Punkte zu beachten. Die Höhe des Stuhles sollte es uns ermöglichen, so zu sitzen, daß Ober- und Unterschenkel einen Winkel von etwa 90 Grad bilden. Die Füße stehen etwa schulterbreit auseinander,

liegen mit ihrer gesamten Fläche auf dem Boden auf und die Zehen weisen leicht nach außen. Wir sitzen ganz vorne auf dem Stuhl, um das Becken leicht nach vorne kippen und die Wirbelsäule geradehalten zu können.

Der Fersensitz:
In der taoistischen und der Zen-Meditation wird meist der Fersensitz eingenommen. Diese Stellung verlangt keine besondere Flexibilität, ist stabil und führt nahezu von selbst dazu, daß die Wirbelsäule geradegehalten wird. Der Fußrücken und die Vorderseite der Unterschenkel liegen dabei auf dem Boden und wir sitzen auf den Fersen. Leider ist es für viele Menschen hierzulande, die sich jahre- oder jahrzehntelang wenig bewegten und immer nur auf Stühlen saßen (diese Unsitte beginnt ja bereits in der Schule), nicht leicht, längere Zeit die Beine in dieser Position zu halten; nach einer Weile (oder sofort) beginnen die Knie zu schmerzen. Eine Möglichkeit, diese Stellung zu erleichtern, besteht darin, zwischen Fersen und Po ein Kissen zu legen, oder auf einem Meditationsschemel zu sitzen.

Der Lotossitz:
Diese, aus dem Yoga stammende Haltung ist wohl mit Abstand die beste Meditationshaltung. Dabei werden die Beine verschränkt,

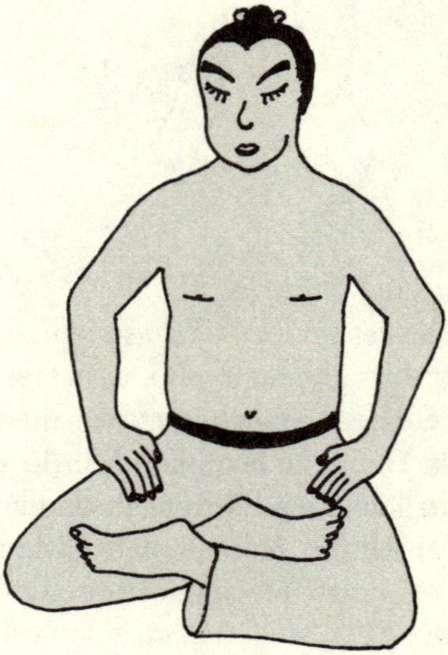

wobei der rechte Fuß auf dem linken Oberschenkel und der linke Fuß auf dem rechten Oberschenkel (oder umgekehrt) liegt. In dieser Position ist es kaum möglich, die Wirbelsäule nicht geradezuhalten; außerdem ist sie äußerst stabil. Leider ist es auch die schwierigste Haltung, die überdurchschnittliche Gelenkigkeit oder sehr viel Übung erfordert – und es hat natürlich keinen Sinn, den Lotossitz mit Schmerzen und Anstrengung zu ertragen.

Der Schülersitz:
Eine leichtere Variante des Lotossitzes ist der Schülersitz. Auch dabei werden die Beine gekreuzt. Ein Bein wird möglichst nahe zum Körper gezogen und dann der Fuß des anderen Beines auf den Unteschenkel des ersten Beines gelegt. Diese Stellung ist von den meisten Menschen leicht einzunehmen; wenn wir ein Kissen unter unser Gesäß legen, werden die Spannungen in den Knien geringer und außerdem richtet sich die Wirbelsäule auf.

Bei allen Meditationsstellungen sollte die Zunge leicht gegen den Gaumen, knapp oberhalb der oberen Schneidezähne liegen (um den »Kleinen Kreislauf« zu schließen). Die Augen sind entweder geschlossen oder richten sich auf einen drei bis vier Meter entfernten Punkt auf dem Boden. Bei den sitzenden Haltungen liegen die Hände locker auf den Oberschenkeln (mit den Handflächen nach oben und so, daß sich Daumen und Zeigefinger leicht berühren) oder im Schoß (wobei die Handflächen nach oben weisen und die eine Hand in der Handfläche der anderen liegt). Im Stehen werden die Arme locker an der Seite hängen gelassen; auch dabei sollten sich Daumen und Zeigefinger berühren.

Die Taoistische Meditation

Das Ziel der Taoistischen Meditation ist, eins mit dem Tao zu werden. Dabei verschmelzen die Gegensätze von innen und außen, von »Ich« und der Welt. Damit zu beginnen, würde jedoch dank unserer Ungeduld schnell zu Enttäuschungen und zum Aufgeben der Meditationsübungen führen. Deshalb haben wir die Praxis der Meditation in drei Stufen gegliedert, die uns schließlich zu unserem Ziel führen werden.

Wir wollen dabei die Einzelheiten nur grob umreißen. Zu sehr entziehen sich die Erfahrungen und Empfindungen, die wir in meditativen Zuständen erleben, der Beschreibung durch Worte.

Die erste Stufe

Wenn wir mit der Meditation beginnen, ist es am sinnvollsten, unsere Aufmerksamkeit auf einen konkreten Gegenstand zu richten. Sehr gut bewährt hat sich dafür eine brennende Kerze – das sich stets verändernde und doch gleichbleibende Bild der Flamme zieht unsere Aufmerksamkeit und Faszination an, so daß es relativ leicht wird, alle unsere geistigen Kräfte darauf zu richten und in die Meditation einzutreten.

Eine weitere gute Möglichkeit ist, den Atem zu zählen. Dabei lenken und kontrollieren wir den Atem nicht, sondern lassen ihn frei ein- und ausströmen. Wir zählen die Atemzüge bis zehn und beginnen dann wieder von vorn.

Auf der ersten Stufe der Meditation »trainieren« wir vor allem unsere Konzentration und Aufmerksamkeit. Dabei wird die rechte (bei Rechtshändern) Gehirnhälfte, der Ort unseres ganzheitlichen und visuellen Denkens, bereits stärker aktiviert, als sie es im Alltag für gewöhnlich ist. Dadurch wird sich die Kommunikation zwischen den beiden Hirnhemisphären verbessern, was wiederum weitreichende Konsequenzen für unsere Intuition, unsere Kreativität und unsere seelische Gesundheit hat.

Die zweite Stufe

Nach einiger Erfahrung mit der ersten Stufe, wenn wir den Zustand der Meditation kennengelernt haben, wechseln wir von dem konkreten Gegenstand der Meditation auf einen abstrakteren – vorzugsweise ein Gefühl; ein Gefühl, das über unser Selbst hinausweist und uns »erhebt«.

Uns scheint dafür »Liebe« besonders geeignet – die Macht der Liebe ist ja eine der stärksten Kräfte in unserem Leben. Auch alle Religionen betonen den hohen Wert der Liebe. Im Christentum und im Buddhismus wird die Liebe zu unseren »Mitlebewesen« sogar zu einem zentralen Aspekt der Lehre. Doch wie geht das: Über die Liebe meditieren?

Es bedeutet natürlich nicht, über die Liebe nachzu*denken*, eher schon nachzu*fühlen*. Eine Möglichkeit, damit zu beginnen, alle geistigen Kräfte auf das Wesen der Liebe zu lenken, besteht darin, das Wort »Liebe« als ein Mantra zu wiederholen, bis das *Wort* keinen Sinn mehr vermittelt – und wir dem *Wesen* der Liebe näherkommen. Schließlich werden wir ein inneres »Bild« von der Liebe (oder einem anderen Gefühl oder abstrakten Gegenstand) aufbauen, ein Bild, das wahre Erkenntnis bedeutet.

Die zweite Stufe ist dadurch gekennzeichnet, daß die Verbindung der beiden Gehirnhälften enorm verbessert wird. Ein weder auf Worten noch auf visuellen Bildern, noch auf Klängen oder anderen Sinneswahrnehmungen beruhendes, ganzheitliches »Bild« (es gibt kein eigenes Wort dafür) kann nur dann entstehen, wenn beide Gehirnhälften nicht nur kommunizieren, sondern intensiv zusammenarbeiten.

Die dritte Stufe

Die höchste Stufe, die die eigentliche Taoistische Meditation ausmacht, besteht darin, die Welt in sich aufzunehmen, oder vielmehr sich selbst auf die Welt auszudehnen: Indem wir erkennen, daß die Welt – das Tao – *alles* ist, uns selbst eingeschlossen, und wir begreifen, daß wir, nur wenn wir »ich« sagen, uns vom Tao trennen, machen wir den ersten Schritt, eins mit dem Tao zu werden.

In der Praxis ist das nicht ganz so abstrakt, wie das vielleicht zunächst klingt. Auf dieser Stufe haben wir die Augen vorzugsweise geöffnet und versuchen, indem wir uns »in die Welt hineinversetzen«, die Grenze zwischen innen und außen aufzuheben. Möglicherweise ist das immer noch nicht klar genug ausgedrückt; also noch einmal, Schritt für Schritt.

Wir sitzen mit geöffneten Augen (am allerbesten wie die taoistischen Weisen in der freien Natur). Nun sammeln wir unsere geistigen Kräfte, wie wir es ja nun bereits von unseren vorausgegangenen Meditationsübungen gewohnt sind. Der »Gegenstand«, auf den wir unsere Aufmerksamkeit richten, ist die Welt. Vielleicht sitzen wir im Wald und in einiger Entfernung von uns steht ein schöner Baum: Wie in der ersten Stufe der Meditation richten wir unsere geistigen Kräfte auf den Baum; aber nun nicht mehr als Gegenstand, sondern wir versuchen, uns sozusagen in den Baum hineinzuversetzen, wir *werden* der Baum, haben »Baumgefühle« und »Baumgedanken«. Immer weiter dehnen wir unseren Geist aus – wir werden zum Wald, zum Land, zur Welt, zum Universum, zum Tao.

In dieser Stufe geschehen einige interessante Dinge. Die für die Meditation typische Veränderung der Gehirnaktivität bleibt zwar erhalten, doch es sind weitaus größere Bereiche des Gehirns beteiligt: unser ganzes Selbst – auf körperlicher, geistiger und seelischer Ebene – ist beteiligt. Die drei Energien können nun zu einer verschmelzen und der Prozeß der Umwandlung in den unsterblichen »Diamantenen Körper« beginnt.

Empfindungen und Probleme während der Meditation

Wenn wir uns in der Meditation üben, werden wir wahrscheinlich mit einigen Problemen und mit ungewohnten Empfindungen konfrontiert. Das Wissen um die Bedeutung und der richtige Umgang mit diesen Phänomenen ist von großer Bedeutung für den Erfolg der Meditation.

Was viele Anfänger beunruhigt und nicht selten dazu veranlaßt die Übung der Meditation aufzugeben, ist, daß sich die unruhigen, unwillkürlichen Gedanken zunächst eher noch verstärken. Anstatt seelische Ruhe in der Übung zu finden, wird die Unruhe scheinbar noch größer. Allerdings wirklich nur scheinbar, denn in Wahrheit kommt dieser Eindruck nur dadurch zustande, daß wir äußerlich still werden und unseren inneren Vorgängen mehr Aufmerksamkeit zollen. Indem wir die auftauchenden Gedanken, Gefühle und Empfindungen einfach nur beobachten, ohne ihnen anzuhaften, verschwinden sie allmählich von selbst.

Ein Problem, das sehr banal zu sein scheint, aber doch von großer praktischer Bedeutung ist, besteht darin, daß anfangs in der ungewohnten Meditationshaltung die Beine einschlafen, was ziemlich unangenehm werden kann. Ein Prinzip des Taoismus besteht ja nun darin, auf seine Gefühle und seine Bedürfnisse zu achten und sich nicht übermäßig anzustrengen oder gar mit aller Willenskraft zu etwas zu zwingen; wenn das Gefühl in den Beinen unangenehm wird, sollten wir also möglicherweise aufstehen und ruhig umhergehen, bis die Beine wieder »wach« sind. Die Erfahrung zeigt allerdings, daß, wenn wir das Gefühl eine Weile ertragen, sich die Blutzirkulation allmählich wieder reguliert und wir unter dem Problem auch in Zukunft nicht mehr leiden werden. Doch bevor wir uns mit verkniffenem Gesicht Zwang antun und Schmerzen ertragen, sollten wir lieber eine Pause einlegen. Eine Möglichkeit ist, das Gefühl in den Beinen einfach zu beobachten wie ein unbeteiligter Beobachter, der weiß, daß es bald vergehen wird und nur darüber lächelt. Mit der Zeit werden die Beine aber auch bei längerer Meditation, selbst bei zwei oder sogar drei Stunden nicht mehr einschlafen. Wie so vieles, ist auch das Sitzen in Meditation Übungssache.

Ein tiefergreifendes Problem ist die Ungeduld: Viele Menschen beginnen irgendwann in ihrem Leben zu meditieren, aber ein großer Teil gibt die Übung nach einiger Zeit wieder auf, da sich keine Ergebnisse einzustellen scheinen. Die Ungeduld verleitet uns oft dazu, unsinnige Anstrengungen zu unternehmen, die dem, was wir zu erreichen suchen, eher hinderlich sind. Wenn wir in einem Boot auf einem Fluß treiben ist es einigermaßen sinnlos, mit den Händen zu rudern: wir werden dadurch kaum eine höhere Geschwindigkeit erreichen, sondern uns statt dessen erschöpfen, die Fahrt nicht genießen und auch keine Kraft mehr übrig haben für mögliche Schwierigkeiten. Wir sollten uns also mit Genuß und bewußt vom Strom der Meditation tragen lassen und voller Interesse beobachten, wohin unser Weg uns führt.

Während die bisher angesprochenen Probleme und Schwierigkeiten vor allem den Anfänger betreffen, treten einige Empfindungen, die den Übenden möglicherweise irritieren, erst nach einiger Erfahrung mit der Meditation auf.

Relativ häufig sind Wärmeempfindungen, vor allem im Unterbauch, die möglicherweise die Wirbelsäule hinaufsteigen. Manche Menschen empfinden das als einigermaßen beunruhigend, wenn sich plötzlich eine so ungewohnte Hitze im eigenen Körper entwickelt. Doch diese Wärmeempfindungen sind ein durchaus gutes

Zeichen; sie zeigen an, daß die Energiekanäle gut geöffnet sind und die Energie sich selbständig zu verstärken beginnt. Doch obwohl die Wärme positiv ist, sollten wir nicht versuchen, sie zu lenken oder sie zu verstärken – aber sie selbstverständlich auch nicht abschwächen. Am besten ist es, wenn wir ruhig weitermeditieren und die wohlige Wärme genießen.

Etwas seltener treten Vibrationsempfindungen auf. Menschen, die nicht wissen, was dies zu bedeuten hat, können diese Empfindungen oft sehr stark beunruhigen, vor allem wenn die Vibrationen so stark werden, daß es den Körper richtig »durchschüttelt«. Aber auch diese Vibrationen sind keine »Störung«, sondern ein Zeichen dafür, daß die Meditation wirksam ist (umgekehrt gilt das allerdings nicht: eine wirksame Meditation ist nicht unbedingt mit Vibrationsempfindungen verbunden!). Es öffnen sich die Kanäle, insbesondere der *ch'ung mo*; kleinere übriggebliebene Blockaden lösen die Vibrationen aus. Wir können dadurch aber auch erkennen, daß, wenn wir bereits die Übungen zur Öffnung des *ch'ung mo* durchgeführt haben, es uns noch nicht vollständig gelungen ist. Diese Übung sollte also eventuell nochmals intensiver geübt werden; allerdings wird sich der Kanal (wie an den Vibrationen zu merken ist) nun ohnehin von selbst öffnen. Dennoch sollten wir den Schritt der bewußten Öffnung (»Das *ch'i* im *Ch'ung mo* steigen lassen«) noch einmal nachvollziehen.

Mit den Wärme- oder Vibrationsempfindungen kommt es oft zu mäßigem bis starkem Schwitzen. Dieses Schwitzen ist eine direkte Folge der gesteigerten Energieentwicklung. Das Schwitzen ist nicht im geringsten schädlich, ganz im Gegenteil: Schadstoffe werden ausgeschieden und die Haut wird gereinigt. Natürlich müssen wir aber, wenn wir stark ins Schwitzen kommen, darauf achten, daß wir uns nicht erkälten – und uns nach dem Üben eine Dusche gönnen.

Ziele der Meditation

Die Meditation ist wohl das größte Geheimnis der taoistischen Unsterblichkeit – in der Taoistischen Meditation verschmelzen schließlich die drei Energien in der »Edlen Werkstatt der Geheimnisvollen Alchemie«, das »Goldene Elixier« durchdringt den Körper und verwandelt ihn in den »Diamantenen Körper«.

Soweit die taoistischen Vorstellungen. Doch was passiert auf meßbarer Ebene?

Zunächst einmal ist auf physiologischer Ebene eine Veränderung der Aktivität des Gehirns zu beobachten. In jeder Meditation verändern sich die Hirnströme, die durch das EEG dargestellt werden können; die hektische Aktivität weicht einer ruhigeren Wachheit. Interessanterweise ist die durch das EEG aufgezeichnete Gehirnaktivität bei der Meditation absolut charakteristisch; die Meditation ist also auch meßbar ein Zustand, der sich von allen anderen Bewußtseinszuständen, vom normalen Wachbewußtsein, vom Schlaf, von der Bewußtlosigkeit oder vom Traumzustand deutlich unterscheidet.

In der Meditation ist auch die Sauerstoffaufnahme höher, was sich wiederum günstig auf den gesamten körperlich-geistigen Zustand auswirkt. Insbesondere unser Gehirn, das den größten Sauerstoffbedarf aller Organe hat, profitiert davon. Die heilsame, lebensverlängernde Wirkung einer reichlichen Versorgung des Körpers mit Sauerstoff ist auch im Westen erkannt worden und hat zur Entwicklung der Sauerstoff-Therapie geführt.

In der Meditation verändert sich ebenso der Hautwiderstand; ein Zeichen dafür, daß Spannungen und Ängste aufgelöst werden. In der modernen chinesischen Medizin wurde auch erkannt, daß die Veränderung des Hautwiderstandes die Wirksamkeit von Akupunktur oder Moxa-Therapie erhöht – das ist dadurch zu erklären, daß sich in der Meditation die Energiebahnen öffnen und die Energien freier fließen können.

Es wurde, insbesondere bei indischen Yogis, auch beobachtet, daß sich der Sauerstoffbedarf stark verringert (dadurch steht mehr Sauerstoff zur Verfügung), daß sich der Hormonhaushalt reguliert und das Immunsystem gestärkt wird.

All diese Beobachtungen können aus wissenschaftlicher Sicht die ungeheuren Wirkungen langer Meditationspraxis »bestätigen«. Vor allem aber geht es in der Meditation um die mit Worten nicht beschreibbare Erweiterung unseres Geistes, um die Erhöhung unserer seelischen Kräfte und um die Steigerung der Wahrnehmung der Welt und der tiefen inneren Freude und Befriedigung, zu der die Meditation führen wird.

Ernährung nach der Lehre der Fünf Elemente

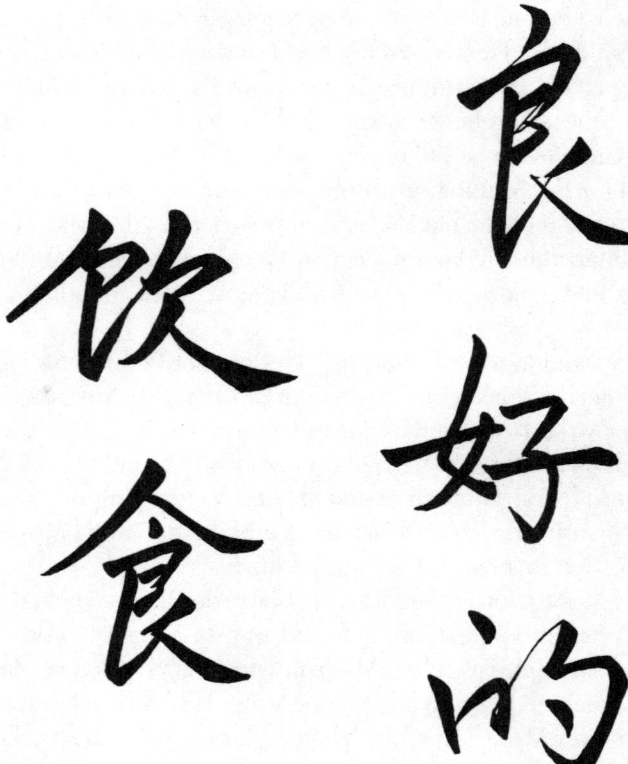

Gerade zu Beginn des Weges ist die körperlich-seelische Reinigung notwendig. Anstatt sich durch Fasten oder Diäten zu entkräften, genügt es, die Ernährung so umzustellen, daß sie den natürlichen Abläufen angemessen ist – die aus dem Taoismus hervorgegangene Lehre von den Fünf Elementen gibt dafür gute Anhaltspunkte.

Im Rahmen dieses Buchs ist es nicht möglich, ein vollständiges Ernährungsprogramm, das auf der Lehre der Fünf Elemente beruht, auszuführen. Für unser Ziel ist dies auch nicht unbedingt sinnvoll. Ein Ernährungssystem ist doch etwas, das der Intuition und der Lebendigkeit nicht mehr so viel Raum läßt, wie es eigentlich nötig wäre. Ihre Bedeutung entfaltet die Ernährungslehre nach den Fünf Elementen erst bei (chronischen) Krankheiten. Da wir jedoch hier ohnehin den Weg zur Vollkommenen Gesundheit beschritten haben und unsere körperlichen, seelischen und geistigen Kräfte durch Übung und Meditation sammeln, bedürfen wir einer ausgearbeiteten Ernährungslehre nicht so sehr.

Wir wollen uns deshalb hier darauf beschränken, die Grundlagen der taoistischen Gedanken zur Ernährung darzustellen. Darüber hinaus wollen wir zusätzlich einige, gerade für unsere heutige Zeit wichtige Hinweise zu einer förderlichen Ernährung geben. Wenn wir lernen, auf unsere Gefühle und unseren Körper zu hören, werden wir uns gesund ernähren können, auch ohne Kalorien zu zählen und in Nährwerttabellen zu blättern. Das Körpergewicht – dem heute ja so übermäßige Aufmerksamkeit zugewandt wird – wird sich dann ohnehin von selbst regulieren.

Die Rolle der Ernährung bei der Erhaltung und Verbesserung der Gesundheit darf nicht unterschätzt werden. In diesem Kapitel werden wir am intensivsten auf die Erkenntnisse der modernen westlichen Wissenschaft eingehen; denn neuere Forschungen haben erstaunliche Ergebnisse erzielt und einigen Stoffe, wie den Vitaminen, eine lebensverlängernde Wirkung nachgewiesen. Wenn wir über die Verlängerung des Lebens und die vollkommene Gesundheit sprechen, darf dieser wichtige Punkt nicht übergangen werden.

Die Lehre der Fünf Elemente

Im alten China erforschten die Weisen die Wege der Natur und fanden, daß alle natürlichen Vorgänge nach gewissen Regeln ablaufen. Um diese Gesetzmäßigkeiten zu erfassen und auf intuitive Weise Einsicht in die übergreifenden Zusammenhänge zu bekommen, symbolisierten sie die unterschiedlichen Kraftimpulse als Elemente – natürlich nicht Elemente in unserem heutigen, wissenschaftlichen Sinn, sondern ähnlich wie die alten Griechen (die es wahrscheinlich von den Chinesen übernommen hatten) durch grundlegende Stoff-Prinzipien, die sichtbar in der Natur zu finden waren: Feuer, Erde, Metall, Wasser und Holz. Dabei ist stets im Auge zu behalten, daß diese »Elemente« nicht wirklich die Stoffe meinen, sondern ihre charakteristische Wesenskraft. Die chinesische Bezeichnung *wu hsing* kann auch als *Fünf Wandlungsphasen* übersetzt werden. Diese Wesenskräfte oder Wandlungsphasen finden sich überall in der Natur: In den Jahreszeiten, in den Persönlichkeitsmerkmalen der Menschen, in Geschmacksrichtungen, Energien oder Nahrungsmitteln.

Nun wäre allein damit, daß wir sagen, ein Nahrungsmittel hat die Eigenschaft »Metall« nicht viel gewonnen. Ihre Bedeutung bekommt die Lehre der Fünf Elemente durch die wechselseitigen Beziehungen, in denen die Elemente zueinander stehen. Jede natürliche Veränderung folgt diesen Prinzipien; und zwar *zyklisch*, also in Form eines Kreislaufes.

Es gibt mehrere dieser Zyklen: Die beiden wichtigsten sind der »Versorgungszyklus«, der zeigt, welche Wandlungsphase für welche andere Wandlungsphase förderlich ist, und der »Kontrollzyklus«, der verdeutlicht, welche Wandlungsphase welche andere bezwingt, eindämmt oder kontrolliert.

Konkret bedeutet das beispielsweise für den Versorgungszyklus: *Feuer* verbrennt Materie, die dann zu *Erde* wird; die *Erde* bringt *Metall hervor,* Metall fängt *Wasser* auf, *Wasser* läßt *Holz* wachsen – das »Ziel« ist erreicht, doch der Kreislauf beginnt nun von neuem: *Holz* nährt das *Feuer*…

Beim Kontrollzyklus verhält es sich folgendermaßen: *Feuer* schmilzt *Metall*, dieses schneidet *Holz*, Bäume halten mit ihren Wurzeln die *Erde* fest, die *Erde* dämmt den Fluß des *Wassers* ein – *Wasser* seinerseits kontrolliert das *Feuer,* und auch dieser Kreislauf schließt sich.

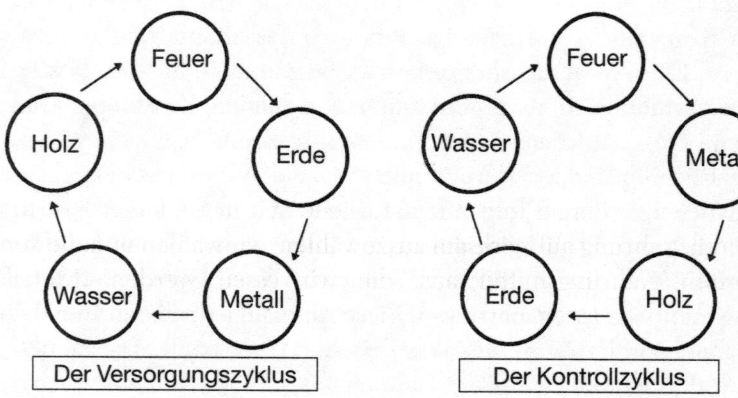

Diese Beobachtungen sind für sich genommen noch nicht so bedeutend; doch das Prinzip der Wandlungsphasen läßt sich tatsächlich auf alle möglichen Vorgänge übertragen und – hier wird es interessant – ermöglicht damit Voraussagen, Einsichten und Möglichkeiten, die natürlichen Abläufe bis zu einem gewissen Maß zu beeinflussen.

Den alten Taoisten, die diese Zusammenhänge entdeckten, lag allerdings nur an der Erkenntnis und nichts an der Beeinflussung – denn was könnte sinnvoller sein, als dem Tao, dem natürlichen Lauf der Natur, zu folgen? Wir wollen uns deshalb hier auch nur mit dem Versorgungszyklus befassen.

Die Fünf Wandlungsphasen bilden einen Kreis, oder vielmehr eine Spirale der Vervollkommnung. Auf geistiger Ebene hat der Versorgungszyklus in etwa folgende Bedeutung: Zunächst besteht eine Idee, eine kreative Inspiration, oder ein Bedürfnis (Feuer); daraufhin folgt der Plan oder das Streben (Erde); nun wird der Plan realisiert, er gewinnt an fester Substanz (Metall); doch diese Grobform muß sich den Gegebenheiten fließend anpassen, um optimal zu wirken (Wasser); dann schließlich wird das Ziel erreicht und wir können die Früchte ernten (Holz) und nun neue Ideen (Feuer) nähren – der Zyklus beginnt auf einer neuen Ebene.

Um nun nach diesen langen theoretischen Erläuterungen wieder auf unser eigentliches Thema, die Ernährung zurückzukommen: Auch bei der Aufnahme unserer Nahrung folgen wir der Natur, wenn dieser Prozeß im Einklang mit den Fünf Wandlungsphasen verläuft.

Am Anfang des Essens sollte ein Hungergefühl stehen (Feuer). Besteht diese Voraussetzung nicht, werden die folgenden Wandlungsphasen nicht naturgemäß ablaufen können. Der Hunger führt dazu, daß wir unsere Aufmerksamkeit auf unseren Körper richten und überlegen oder besser intuitiv erfassen, was wir essen möchten (Erde). Der darauf folgende natürliche Schritt ist, aus der verfügbaren Nahrung aufmerksam auszuwählen; wir wählen nun die konkreten Nahrungsmittel aus, die wir essen werden (Metall). Während wir essen, passen wir diese Auswahl jedoch den Gegebenheiten an (Wasser) – wir richten uns nach der tatsächlichen Beschaffenheit, die wir durch unseren Geschmacks- und Geruchssinn wahrnehmen; auch wenn wir beispielsweise einen schönen Apfel ausgewählt haben, werden wir ihn nicht essen, wenn er innen faul oder wurmstichig ist. Schließlich tritt die Sättigung ein; die Nahrung wird verdaut und liefert die Substanz für den Aufbau des Körpers (Holz). Jetzt haben wir unsere Bedürfnisse auf körperlicher Ebene erfüllt und sind bereit für einen neuen Anfang, für einen neuen Hunger (Feuer), beispielsweise den Hunger nach Weisheit und Erkenntnis.

Mehr wollen wir zu den Fünf Wandlungsphasen gar nicht sagen. Es ist nicht so sehr die Lehre, die wichtig ist, als vielmehr die Überlegungen, zu denen sie uns anregt. Im folgenden wollen wir, nachdem wir mit Theorie gesättigt sind, unseren Hunger nach einigen ganz praktischen Ratschlägen zu stillen versuchen.

Taoistische Ratschläge für eine harmonische Ernährung

Aus dem oben Gesagten können wir zwei grundlegende »Regeln« ableiten, die eigentlich selbstverständlich sein sollten, aber nur zu oft mißachtet werden.

Zunächst einmal sollten wir nur essen, wenn wir auch hungrig sind. Würden alle Menschen allein diesen Rat befolgen, hätte wohl kaum jemand mit Gewichtsproblemen zu kämpfen. Wenn unser Körper uns kein Bedürfnis nach Nahrungsaufnahme signalisiert, handeln wir gegen unsere Natur, wenn wir dennoch wahllos Nahrungsmittel in uns hineinstopfen. Nicht nur, daß wir, wenn wir ohne Hunger essen, sinnlos Nahrungsmittel vernichten – wir schaden damit unserem Körper: Energien, die wir zu höheren Zielen einsetzen könnten, verwenden wir dann dafür, Nahrung zu verdauen, unseren Körper mit Fett zu belasten und das, was wir trotz aller Anstrengung unserer Verdauung nicht in (überschüssige) Körpersubstanz umwandeln können, wieder auszuscheiden, also Nahrung in Kot zu verwandeln.

Ebenso selbstverständlich sollte wohl sein, daß wir aufhören zu essen, wenn wir satt sind. Die Gründe sind dieselben, wie die gerade genannten.

Im Gegensatz zu den Vorschriften der verschiedenen Ernährungslehren und Diätprogramme, die uns manchmal nahelegen,

Dinge zu verzehren, die wir nur mit einigem Widerwillen hinunterbringen, ist die Botschaft des Taoismus wesentlich angenehmer: Wir sollten nur essen, was uns auch schmeckt.

Wenn das auch zunächst einmal den Anschein erweckt, als wäre das nun überhaupt kein Prinzip, das irgendeinen Nutzen hätte (da wir dieses »Prinzip« ja anscheinend ohnehin beachten, wenn wir nicht gerade einer der oben erwähnten Ernährungslehren folgen), so steckt doch etwas mehr dahinter. Wir tun gut daran, mehr auf unsere Intuition (nicht auf den spontanen Appetit auf irgendeine Speise) zu hören und darauf zu achten, wie das, was wir essen, schmeckt. Dazu ist es wichtig, bewußt und langsam unsere Nahrung zu genießen. Wenn wir langsam und bewußt essen, kann unser Geschmackssinn überhaupt erst die einzelnen Nuancen des Geschmacks wahrnehmen, und erst, wenn wir den Geschmack unserer Speisen wahrnehmen, können wir entscheiden, ob sie uns tatsächlich schmecken.

Ein letzter Rat, den die Taoisten gaben, besteht darin, vorwiegend einheimische Nahrung zu sich zu nehmen. Dabei geht es nicht um nationalistische Erwägungen, sondern vielmehr darum, auch bei seiner Ernährungsweise der Natur zu folgen. Die Einflüsse des lokalen Klimas, der besonderen geologischen Gegebenheiten, die Höhenlage, der Boden unserer Umgebung machen diese Pflanzen als Nahrung für uns besonders geeignet. Sie haben sozusagen dieselbe »Schwingung« wie wir; sie sind ihrer Umgebung bestens angepaßt und da wir in derselben Umgebung leben, können wir von ihrer Kraft profitieren.

Zusätzliche Hinweise für die Zivilisation unserer Zeit

In der Zeit, in der Lao Tse lebte, genügte der Hinweis darauf, der Harmonie mit sich selbst und der Natur zu folgen, doch in unserer heutigen Zeit müssen wir auch die modernen Probleme unserer Zivilisation berücksichtigen, wenn wir uns gesund ernähren wollen.

Es ist eine traurige Tatsache, daß hierzulande die meisten Menschen zu viel, zu fett und zu hastig essen. Wenn wir langsam und bewußt essen, werden wir das Problem wohl erkennen und bis zu einem gewissen Grad vermeiden können. Doch das Angebot macht es uns nicht gerade leicht. Unsere Kultur ist so kopfbetont, daß sie uns sogar dazu zwingt, unsere Nahrung *auch* nach rationalen Kriterien auswählen zu müssen: Wir müssen uns informieren, was wir tatsächlich essen, damit wir die vielen Geschmacksverstärker, künstlichen Aromastoffe, Nahrungsmittelzusätze, die Herkunft und die Herstellungsweise unserer Speisen überhaupt abschätzen können.

Eine andere Unsitte, die ebenfalls weit verbreitet ist, ist die, daß wir uns weniger an unseren Bedürfnissen, als vielmehr an Uhrzeiten orientieren. Theoretisch ist dieses Problem zwar einigermaßen leicht aufzulösen, doch wie können wir das tun, ohne unsere Lebensweise völlig zu verändern? Nun, vielleicht sollten wir ja gerade unsere Lebensweise ändern! Vielleicht sind die Zwänge möglicherweise gar nicht so stark, wie sie uns scheinen?

Eine ganz andere Art von »Zwang« übt die Werbung auf uns, oder vielmehr auf unser Unterbewußtsein aus. Den Fernseher können wir ja noch ausschalten (zumindest die Werbung), doch vielen Einflüssen sind wir gnadenlos ausgesetzt. Die vielen künstlichen »Appetitanreger« machen es wahrlich schwierig, noch die Stimme der eigenen Intuition zu hören. Wir spüren nämlich oft gar nicht mehr, was uns schmeckt, da unsere Erwartungen nicht selten stärker sind, als der tatsächliche Geschmack unserer Nahrung. Wie könnten wir sonst soviel übersüße Schokolade, soviel übersalzige Würste, so viel chemisch verunstaltete Speisen verzehren?

Wir sollten beim Essen auf unsere Intuition hören – aber Intuition bedeutet nicht jedem Einfall zu folgen, der uns gerade in den Sinn kommt. Es stellt sich schon die Frage, wie denn der Gedanke, einen neu auf den Markt gekommenen Schokoriegel sofort zu kaufen und gleich zu essen, überhaupt in unseren Kopf gekommen ist. Diese Probleme können wir nur bewältigen, wenn wir unsere Bewußtheit dafür erhöhen.

Die Freude am einfachen, guten und heilsamen Essen ist vielleicht der beste Ratgeber. Wenn wir die Heilkraft des Genießens wieder neu entdecken und sie durch Bewußtheit (nicht durch Fanatismus) ergänzen, werden auch die negativen Einflüsse nicht mehr ihre schädlichen Wirkungen entfalten können.

Moderne Lebenselixiere

Die alten Taoisten erkannten vieles, was erst heute mit modernsten wissenschaftlichen Methoden und Untersuchungen neu entdeckt wird. Atemtechniken, Visualisierungen, die Methoden der Energielenkung, das taoistische Prinzip des Nicht-Bemühens – all das wird nach und nach auch von der Wissenschaft in heutiger Zeit als wirkungsvoll erkannt. Jedoch haben die taoistischen Methoden immer noch einen weiten Vorsprung, da sie nicht analysieren, sondern in größeren Zusammenhängen, ganzheitlich, denken. Dieses ganzheitliche Denken selbst wird inzwischen von der Wissenschaft als in vielerlei Hinsicht überlegen erkannt. Die neuesten Entwicklungen der Computerforschung versuchen dem menschlichen Denken näher zu kommen – dabei mußten die Forscher erkennen, daß die exakte, analytische Denkweise bei komplexen Problemen unbrauchbar ist und ein umfassenderes, weniger festgelegtes, »unscharfes« Denken viele Vorteile bringt. Dies führte zur Entwicklung der sogenannten *fuzzy logic*, der »unscharfen« Logik.

Aber es gibt einige Bereiche, in denen die westliche wissenschaftliche Forschung Erkenntnisse geliefert hat, für die keine Entsprechung bei den Taoisten zu finden ist. Im Abschluß des Praxisteils dieses Buches wollen wir über ein solches Gebiet sprechen, ein Gebiet, das unmittelbar mit unserem Ziel, der vollkommenen Gesundheit zusammenhängt.

Die wissenschaftliche Altersforschung hat viele Ansichten der Taoisten bestätigt: Der Alterungsprozeß wird durch geistig-seelische Harmonie, durch mäßige Bewegung, vertiefte Atmung, gezielte Visualisierungen und Meditationen und durch eine gesunde Ernährung verlangsamt. Gerade was die Ernährung angeht, hat »unsere« Wissenschaft einige erstaunliche Entdeckungen gemacht, die erst mit modernsten Untersuchungsmethoden möglich waren:

Eine wichtige Theorie führt einen entscheidenen Teil des Alterungsprozesses auf die Schäden zurück, die die sogenannten »freien Radikale« in unserem Körper anrichten. Bei diesen »freien Radikalen« handelt es sich um besonders aggressive Moleküle, die durch die ganz normalen Stoffwechselvorgänge ständig entstehen und dabei die Zellwände durchlöchern, Chromosomen schädigen und Verursacher von Gefäßveränderungen sind.

Wie gesagt bilden sich die freien Radikale durch die normalen Stoffwechselvorgänge. Zunächst sieht es also so aus, als wären wir diesen Angriffen ausgesetzt, ohne daß wir einen Einfluß darauf hätten. Nun ist es jedoch so, daß wir im *negativen* Sinn durchaus Einfluß auf die Entstehung freier Radikale haben, denn durch bestimmte Verhaltensweisen steigt die Produktion freier Radikale rapide an – und der Alterungsprozeß beschleunigt sich.

Ein sehr interessantes Ergebnis ist, daß sich die Produktion freier Radikale bei starker körperlicher Anstrengung deutlich verstärkt. Schwerarbeiter und Hochleistungssportler altern also schneller – auch aus dieser Sicht gewinnt die taoistische Lehre vom »anstrengungslosen Fließen« an Bedeutung. Noch wichtiger aber ist, um nun wieder auf die Ernährung zurückzukommen, daß auch Umweltgifte, Pestizide, Konservierungsmittel sowie gegrillte und geräucherte Nahrungsmittel den Ausstoß freier Radikale verstärken. Um das Maß voll zu machen: Es wurde auch entdeckt, daß Sonnenstrahlung und Hitze dazu führen, daß im Körper mehr freie Radikale entstehen.

Wenn aber die freien Radikale einer der Gründe für das Altern sind und freie Radikale bei so vielen Gelegenheiten entstehen, was können wir dann erwarten? Sind wir dann diesem allmählichen, unvermeidbaren inneren Zerstörungsprozeß nicht hilflos ausgesetzt?

Einmal können wir uns natürlich von übermäßigen Anstrengungen, übermäßiger Hitze und Sonneneinstrahlung und bis zu einem gewissen Grad von den verschiedenen Giftstoffen fernhalten. Und wir können uns die neuesten wissenschaftlichen Erkenntnisse zunutze machen, denn die Wissenschaft ist nicht bei der Entdeckung der freien Radikale und ihrer zerstörerischen Wirkungen stehengeblieben – sie hat Stoffe entdeckt, die die freien Radikale aufhalten, die sozusagen als »Radikalfänger« dienen können.

Diese Stoffe sind bestimmte Enzyme, Spurenelemente, vor allem aber die Vitamine A (ß-Carotin), C (Ascorbinsäure) und E, die eine ganz besondere Bedeutung für die Verzögerung des Alterungsprozesses haben. Wir wollen im folgenden diese drei wichtigen Vitamine kurz besprechen.

Vitamin A beeinflußt den Zustand unserer Haut, der Schleimhäute, die Knochenbildung, die Zähne sowie die Funktion unserer Augen. Als Mangelsymptom tritt zunächst die sogenannte »Nachtblindheit« auf, die Schwierigkeit des Sehapparates, sich der Dunkelheit anzupassen. Bleibt längere Zeit ein Mangel bestehen, so zeigt sich das an extremer und anhaltender Trockenheit der Haut und der Schleimhäute, was wiederum zu einer erhöhten Infektanfälligkeit führt. Vitamin A kann der Körper aus einem Vorläufer dieses Vitamins, dem Provitamin *Carotin*, bilden. Carotin findet sich beispielsweise in Broccoli, Spinat oder (wie der Name schon sagt) in Karotten; wir können Vitamin A aber auch direkt aufnehmen: in Eiern, Milch, Butter oder Käse findet sich dieses Vitamin.

Vitamin C, oder Ascorbinsäure, ist vielleicht das bekannteste aller Vitamine. Es ist nötig für die Bildung von Collagen, einem Protein, das eine entscheidende Rolle bei der Bildung des Knochengerüstes und der Zähne spielt; außerdem hilft es dem Körper, Eisen aus pflanzlicher Nahrung zu ziehen. Auch bei Entgiftungsreaktionen scheint Vitamin C eine wichtige Rolle zu spielen. Neuere Forschungen haben gezeigt, daß Vitamin C krebsauslösende Substanzen, die sogenannten Nitrosamine, abfängt. Schwerer Vitamin-C-Mangel führt zu den klassischen Symptomen von Skorbut: Die Zähne lockern sich, Blutungen treten auf und Wunden heilen schlechter. Vitamin C findet sich in den meisten Früchten, insbesondere in Zitrusfrüchten, aber auch in Broccoli, Spinat und Kohl.

Vitamin E ist eine etwas geheimnisvolle Substanz. Man weiß zwar, daß es lebensnotwendig ist, doch es ist kein konkretes Vitamin-E-Mangel-Symptom des Menschen bekannt. Zahlreiche neuere Untersuchungen haben jedoch Hinweise darauf ergeben, daß ein Mangel an Vitamin E indirekt zu schweren Schäden führt: Wenn der Vitamin-E-Schutzschild wegfällt, werden durch Oxidatinsvorgänge Enzyme und Hormone inaktiviert, was dann zu den unterschiedlichsten Organstörungen führt; unter anderem auch Störungen, die mit dem Prozeß des Alterns in Verbindung gebracht werden. Vitamin E findet sich in pflanzlichen Fetten und grünem Blattgemüse, insbesondere aber in Weizenkeimen.

Wir brauchen also Vitamine zum Leben. Wenn wir unter Vitaminmangel leiden, so wird dies zu Krankheiten, vorzeitigem Altern und einem schlechten Allgemeinbefinden führen.

Es wäre jedoch ein Fehler daraus zu schließen, daß wir nun Unmassen an Vitaminen zu uns nehmen sollten, da sie so wichtig sind. »Viel hilft viel« ist auch hier nicht die richtige Regel. Insbesondere eine Überversorgung mit den fettlöslichen Vitaminen (dazu gehört auch Vitamin A) kann sogar zu schweren Symptomen führen: Eine A-Überdosierung kann sich bei Hautausschlägen, Menstruationsstörungen, Blutbildveränderungen, Kopfschmerzen, Übelkeit, Gelbsucht und anderen Problemen zeigen.

In der Tat besteht jedoch bei mindestens einem Drittel der Bevölkerung eine Unterversorgung mit Vitamin A. Wir sollten also darauf achten, ausreichend Vitamin A zu uns zu nehmen – allerdings nicht in Form von Vitaminpräparaten, da wir dann Gefahr laufen, vom Regen in die Traufe zu kommen und uns die Probleme einer Hypervitaminose einhandeln. Viel Gemüse, Milch und Milchprodukte versorgen uns ausreichend mit Vitamin A.

Es wird sowohl von Schulmedizinern als auch von Vertretern einer ganzheitlichen sanften Medizin immer wieder darauf hingewiesen, daß wir, wenn wir uns nur ausgewogen ernähren, sicherlich keine Vitaminmangelerscheinungen bekommen werden. Das stimmt, Mangelerscheinungen werden nicht auftreten, wenn wir uns gesund ernähren. Doch das ist noch nicht alles.

Einiges weist nämlich darauf hin, daß die Vitamine C und E bei »Überdosierung« (nach den herkömmlichen wissenschaftlichen Vorstellungen) nicht nur keine Schäden verursachen, sondern sogar zu Veränderungen in unserem Stoffwechsel führen, die unseren Körper verjüngen, Krebswachstum hemmen und auch auf psychischer Ebene positive Veränderungen herbeiführen!

Linus Pauling, der zweifache Nobelpreisträger (Chemie- und Friedensnobelpreis), befürwortete eine tägliche Vitaminzufuhr von bis zu 50 Gramm Vitamin C und 800 Milligramm Vitamin E – das etwa 500fache der von Schulmedizinern als ausreichend empfohlenen Tagesdosis! Er wurde damit immerhin fast hundert Jahre alt.

Die Stufen der Unsterblichkeit

長生不老

鍊丹術

Wir nähern uns der vollkommenen Gesundheit und der Unsterblichkeit schrittweise; nicht durch eine Initiation, eine Wunderpille oder eine Technik. Wir haben einen langen Weg vor uns, bis wir »eins mit dem Tao« sind, bis wir in uns die physische Unsterblichkeit verwirklicht haben. Doch der Weg *ist* das Ziel. Die vollkommene Gesundheit und die Unsterblichkeit sind nichts einmal Erreichtes, kein unveränderlicher, ewiger Zustand, sondern stets ein *Prozeß* der Vervollkommnung.

Der Weg zur Unsterblichkeit ähnelt der Art und Weise, wie ein kleines Kind das Gehen lernt: Zunächst krabbelt es noch auf dem Boden. Indem es sich schwankend und für kurze Zeit aufrichtet, gewinnt es einen neuen Überblick über die Welt. Die ersten Sekunden des Stehens sind noch mühsam, doch schon bald folgen die ersten Schritte. Dabei fällt das Kind immer wieder um und muß sich von neuem erheben. Das Ganze scheint theoretisch gesehen sehr mühsam, kompliziert und anstrengend zu sein – und doch muß (und kann!) man kein Kind dazu *zwingen*, gehen zu lernen. Auch wenn es in gewisser Weise vielleicht tatsächlich mühsam ist und die Muskeln »arbeiten«, so bereiten dem Kind seine neuen Fähigkeiten, das Stehen und das Gehen, jedoch offensichtlich Freude. Allmählich wird das Gehen zur normalen Art der Fortbewegung, und auch wenn die Schritte noch klein und ein wenig wackelig sind, so käme das Kind nicht mehr auf die Idee durch das Zimmer zu krabbeln, wie noch einige Monate zuvor. Schließlich geht das Kind mit festen Schritten, ohne zu schwanken und ohne die geringste Anstrengung; ja, es läuft sogar, es springt mit beiden Beinen vom Boden, auf dem es einst herumkrabbelte. Das Gehen ist zur Selbstverständlichkeit geworden. Doch das heißt nicht, daß nun kein Fallen mehr möglich wäre! Das Gleichgewicht muß ständig gehalten werden. Ständig arbeiten der Gleichgewichtssinn, die Wahrnehmung und die Muskulatur, um das Gleichgewicht zu halten – und doch ist es selbstverständlich und erfordert keine Willenskraft, keine Anstrengung; ganz im Gegenteil: das Gehen auf allen vieren, das Krabbeln auf dem Boden erscheint nun viel anstrengender als der aufrechte Gang.

Genauso verhält es sich mit dem taoistischen Weg zur Unsterblichkeit. Die ersten Schritte erscheinen noch mühsam und die Behauptung, es wäre alles in Wahrheit kinderleicht, stößt auf mehr oder weniger starke Zweifel. Doch mit den ersten Schritten wird langsam eine neue Perspektive gewonnen und wir machen uns mit schwankenden Schritten auf den Weg zur vollkommenen Gesundheit. Nun wollen wir gar nicht mehr zurück zu unserer alten Fortbewegungsweise; unsere Freude an der neuen Art zu leben trägt uns voran und wir lernen mit jedem Schritt. Schließlich haben wir das Gleichgewicht, die Harmonie gefunden und bewegen uns mit Leichtigkeit im Einklang mit dem Tao. Wir empfinden das Aufrechterhalten der Harmonie nicht als Mühe, sondern als erfreuliche und angenehme Fähigkeit, die wir nur zu gern ausüben – doch in der Tat bewahren wir ständig das Gleichgewicht. Dieses Gleichgewicht, diese Harmonie mit dem Tao beständig zu bewahren: Das ist die Unsterblichkeit.

Die Taoisten beschrieben drei wichtige Stufen auf dem Weg zur Unsterblichkeit. Natürlich sind diese Stufen nicht wirklich voneinander getrennt – das Tao ist ohne Stufen. Wenn wir jedoch den Weg beschreiben wollen, müssen wir irgendwo innehalten und betrachten, was den Wanderer auf diesem Wegabschnitt kennzeichnet.

Die ersten Schritte

Zu Beginn ist es gut, die körperlichen Grundlagen zu verbessern, indem wir ein wenig mehr auf unsere Ernährung achten und in unser Leben etwas mehr Bewußtheit bringen. Dazu gehört auch, daß wir uns unserer Kräfte bewußter werden: Indem wir die Wahrnehmungsübungen zum Erspüren der drei Energien, *ching*, *shen* und *ch'i*, ausprobieren, gewinnen wir eine erste Perspektive.

Eile und Hast sind keine guten Ratgeber auf unserem Weg. Deshalb sollten wir uns schon mit diesen allerersten Vorübungen ausreichend Zeit lassen (ein bis zwei Wochen sollten es schon sein) – auch wenn die folgenden Übungen vielleicht interessanter und spannender klingen. Doch auch ein Kind lernt das Gehen nicht, indem es gleich einen Hundertmeterlauf versucht!

Der Eiserne Körper

鐵

體

Wenn wir uns unserer Energien, aber auch unserer Motivation und unserer Ziele bewußter geworden sind, begeben wir uns auf unseren Weg, dessen erstes »Ziel« das Erreichen des sogenannten »Eisernen Körpers« sein wird.

Diese erste Stufe, die bereits nach einigen Monaten der Übung erreicht werden kann, bringt bereits eine gewisse Unverletzlichkeit des Körpers mit sich (chinesische Meister der Kampfkünste haben sich oft aus diesem Grund mit taoistischen Methoden befaßt) und die Gesundheit wird widerstandsfähiger. Im seelischen Bereich kehrt eine größere Ruhe und Gelassenheit ein. Die Lebenserwartung verlängert sich um einige Jahre.

Da es nun erst einmal darum geht, die Energien zu verstärken, damit wir mit ihnen »arbeiten« können, befassen wir uns in den ersten Wochen vor allem mit dem »Kleinen Kreislauf«, einer der wichtigsten Übungen für die ersten Schritte. Im Anhang haben wir Übungsprogramme mit täglichen Übungszeiten und der Dauer der Übungen bis zum jeweils nächsten Schritt angegeben. Diese Tabellen dienen der Orientierung; doch selbstverständlich wird der eine schneller und der andere langsamer auf seinem Weg voranschreiten. Unsere Zeitangaben sollten es den meisten Menschen ermöglichen, in diesem Tempo voranzukommen. Auch mit der wechselseitigen Kultivierung, der sexuellen Alchemie, sollten wir allmählich beginnen, um unser *ching* zu sammeln.

Die »Bewegungen der Fünf Tiere« ist eine Übung, die auf allen Ebenen wirkt und auf jeder Stufe der Entwicklung neue Erfahrungen bringt. Sobald wir uns ein wenig an den »Kleinen Kreislauf« gewöhnt haben und unsere Atmung tiefer und ruhiger geworden ist – in der Regel nach ein bis zwei Wochen –, beginnen wir deshalb auch mit den ersten Bewegungen der Fünf Tiere. Dabei üben wir jede Bewegung (und das entsprechende Vorstellungsbild!), bis sie uns in »Fleisch und Blut« übergegangen sind: Also zuerst das »Schleichen« des Tigers, dann den »Sprung« und schließlich den »Prankenhieb«. Bevor wir zum nächsten Tier übergehen, verbinden wir die Bewegungen flüssig. Mindestens eine Woche sollten wir uns dabei für jedes der Fünf Tiere Zeit nehmen – je mehr Zeit wir uns für jede Bewegung nehmen, desto schneller wird die gesamte Übungsfolge harmonisch und sicher werden.

Nach einigen Monaten sind uns die Bewegungen der Fünf Tiere einigermaßen vertraut. Mittlerweile sind auch die ersten Egebnisse der Übung nicht mehr zu übersehen. Auf körperlicher Ebene werden die Muskeln, Sehnen und Gelenke kräftiger und stabiler geworden sein, die Beweglichkeit und das Körpergefühl werden sich verbessert haben. Bestehende gesundheitliche Probleme sollten sich allmählich auflösen und einem besseren Allgemeinbefinden Platz machen.

Da sich in dieser ersten Phase der Körper, aber auch die Seele, von Giften reinigt, können mitunter aber auch scheinbar leichte Rückschritte auftreten. Diese Phänomene sind insofern nicht beunruhigend, weil sie die Reinigung einleiten und somit nur ein mehr oder minder unangenehmes Zwischenspiel sind. Doch sie zeigen auch, daß sich der Übende ein wenig überfordert, daß er sich zu sehr von seinem Willen und nicht von seiner Freude leiten läßt. Wenn dies der Fall ist, sollte man diesem Punkt ein wenig mehr Aufmerksamkeit schenken. Es ist immer ein Fehler, verbissen zu üben.

In den folgenden Monaten üben wir die Fünf Tiere weiter. Diese Übung ist niemals wirklich beendet; je mehr wir üben, desto mehr erkennen wir, wie wir uns noch weiter vervollkommnen können. Es gibt chinesische Meister, die die Fünf Tiere jahrzehntelang üben und dennoch sagen, daß sie erst damit beginnen würden, sie wirklich zu verstehen! Doch wir nehmen nun noch eine weitere Übung hinzu: »Das *ch'i* kreisen lassen.« Mit dieser Übung öffnen wir den Zentralkanal, den *ch'ung mo*, der die drei Elixierfelder miteinander verbindet. Damit wir die Energiefelder später mit Energie versorgen können, sollten wir dem Öffnen des *ch'ung mo* ganz besondere Aufmerksamkeit widmen.

Es ist jetzt auch an der Zeit, mit der ersten Stufe der Meditation zu beginnen. Wir haben mit Bedacht den Beginn der Meditation relativ spät angesetzt, da in der ersten Zeit die Gefahr besteht, die Meditation zu bemüht durchführen zu wollen.Nun, da wir unsere Energien schon entwickelt haben, werden wir von der Meditation deutlicher profitieren, außerdem wird sie uns leichter fallen.

Nach ungefähr einem weiteren Monat der Übung beginnen wir damit, den Prozeß der Umwandlung in den Eisernen Körper zu vollenden, indem wir das Untere Elixierfeld mit Energie aufladen.

Wenn wir spüren, daß sich das Untere Elixierfeld, der »Palast am Grunde des Tales« mit Energie zu füllen beginnt, haben wir die erste Stufe auf unserem Weg zur Unsterblichkeit gemeistert. Neben der nunmehr unübersehbaren Verbesserung der Gesundheit wirkt die Übung jetzt auch immer deutlicher im seelischen Bereich, Ruhe und Gelassenheit breiten sich in unserer Seele aus.

Der Goldene Körper

金

體

Viele Menschen werden uns bereits um unsere stabile Gesundheit und um unsere innere Ruhe beneiden, wenn wir die Stufe des »Eisernen Körpers« gemeistert haben. Doch wollen wir – auch wenn wir uns über die Erfolge freuen – dabei nicht stehenbleiben und unserem Weg weiterhin folgen.

Die Umwandlung in den »Goldenen Körper« findet bei beständigem Üben und Meditieren im Laufe einiger Jahre statt. Die Unverletzlichkeit des Körpers nimmt dabei erstaunliche Ausmaße an, Krankheiten können den Körper kaum mehr befallen, und eine Heiterkeit, die auch schweren Belastungen standhält, stellt sich ein. Intuition und Kreativität werden zu selbstverständlichen Fähigkeiten und sind Ausdruck unserer Lebendigkeit und Lebenskraft. Der Körper scheint sich zu verjüngen und die Lebenserwartung erhöht sich um mehrere Jahrzehnte – die Zeit, die wir benötigen, um schließlich den Goldenen Körper in den Diamantenen Körper umzuwandeln und die Stufe der Unsterblichkeit zu erreichen.

Unser Ziel ist es nun, alle drei Elixierfelder mit Energie zu versorgen. Das Untere Elixierfeld zu aktivieren ist eine Aufgabe, die uns, wenn wir jeden Tag üben, innerhalb relativ kurzer Zeit gelingt. Bis das »Geheime am Grunde des Tales« jedoch so weit genährt ist, daß wir unser *ch'i* ohneMühe weiter aufsteigen lassen können, um auch den »Karmesinroten Palast« und schließlich den »Palast des Jadekaisers« mit Kraft zu füllen, wird es einige Zeit dauern. Nur zu leicht erliegen wir auf dieser Stufe der Ungeduld, die wir vielleicht schon überwunden glaubten. Nicht wenige Adepten der taoistischen Alchemie geben auf dieser Stufe auf, was doch ziemlich kurzsichtig ist – denn die Zeit, die wir in die Übung »investieren«, gewinnen wir ja an Lebenszeit um ein vielfaches!

Deshalb sollten wir gar keine weiteren Gedanken an das Ziel, die Energien nach oben zu leiten, verschwenden, sondern weiterhin beständig üben. Vor allem die Bewegungen der Fünf Tiere werden uns immer wieder vor neue Aufgaben stellen, wenn wir achtsam üben. Immer wieder werden wir finden, daß die Bewegung doch noch nicht vollkommen harmonisch abläuft, daß wir uns seelisch noch stärker in die Bewegung einfühlen können, oder daß die Harmonie der Übung steigt, wenn wir weiter an unserer Beweglichkeit arbeiten. Dabei werden wir auch immer wieder Fortschritte bemerken können, die uns das Vertrauen geben, weiterhin den eingeschlagenen Weg voranzuschreiten.

Dasselbe gilt für die Meditation. Nach einem Jahr der Übung der ersten Stufe der Meditation wird es Zeit, langsam zur zweiten Stufe überzugehen. Für kurze Zeit wird die Meditation dann wahrscheinlich etwas schwerer fallen, doch werden die Fortschritte um so deutlicher spürbar werden. Insbesondere die intuitiven und geistigen Fähigkeiten werden stärker und sicherer und auch die Kreativität erlebt einen neuen Energieschub.

Nach ein bis zwei Jahren bewußter Ernährung und der Übung der Bewegungen der Fünf Tiere wird der Körper allmählich wieder seine jugendliche Kraft zurückgewinnen. Zu diesem Zeitpunkt beginnt die Energie, den »Karmesinroten Palast des Herzens«, das Mittlere Elixierfeld, zu füllen und eine tiefe und umfassende seelische Harmonie läßt den Übenden positiv verändert erscheinen. Auf dieser Stufe wird es leicht, neue Freunde zu gewinnen und in der Welt zu Erfolg und Ansehen zu kommen. Seltsamerweise veranlaßt das nicht wenige Adepten, ihren Weg zu verlassen und sich von den vielleicht früher vermißten Annehmlichkeiten ablenken und in den Bann ziehen zu lassen. Nur zu leicht entfernen wir uns vom Grundsatz des *wu wei*, des bedachten Handelns, wenn wir uns in immer mehr Beziehungen, Geschäfte, Handlungen verstricken. So attraktiv äußerer Erfolg auch sein mag – er ist doch nur eine »Nebenwirkung« des inneren Erfolges, den wir durch unsere Übungen erreicht haben. Wenn wir weiterhin stets darauf achten, im Einklang mit uns selbst zu handeln, werden wir auch unseren eingeschlagenen Weg weiter verfolgen können.

Wir haben nun bereits einen Gesundheitszustand erreicht, der es uns ermöglicht, Geduld zu bewahren. Die Bewegungen der Fünf Tiere werden immer harmonischer und wir finden allmählich zu unserer eigenen, individuellen Form der Übung. In der Meditation beginnen wir, wenn wir spüren, daß die Energie in den »Palast des Jadekaisers« aufsteigt, mit der dritten Stufe, die die Verschmelzung der Energien einleitet.

Wir haben jetzt bereits eine weite Strecke auf unserem Weg zurückgelegt. Der »Eiserne Körper« hat sich in den »Goldenen Körper« vewandelt; Geist, Seele und Körper sind zwar noch nicht eins, aber sie wirken harmonisch zusammen. Unser Gesundheitszustand erscheint nahezu vollkommen und der Alterungsprozeß verlangsamt sich; wenn wir früher besonders ungesund und unharmonisch gelebt haben und frühzeitig gealtert sind, findet vielleicht sogar eine Umkehr statt und wir scheinen uns zu verjüngen.

Nur noch ein Schritt trennt uns von der Unsterblichkeit: Beginnen wir damit, den Goldenen Körper in den unsterblichen Diamantenen Körper umzuwandeln.

Der Diamantene Körper

鑽

體

Dieser Stufe steht die Wissenschaft verständlicherweise noch sehr skeptisch gegenüber; doch wir haben schon an einigen Stellen in diesem Buch darauf hingewiesen, daß auch diese hohe Stufe nicht unbedingt unvereinbar mit unserem wissenschaftlichen Weltbild ist.

Der »Diamantene Körper« ist sozusagen unsterblich. Taoistische Überlieferungen berichten sogar, daß keine Nahrung und kein Atmen mehr notwendig sind. Das ist natürlich übertrieben. Doch da alle Energien nun zusammenarbeiten, benötigen wir weitaus weniger Energie von außen. Tatsächlich gelingt es taoistischen Meistern und einigen Yogis, den Atem bis zu einer Viertelstunde lang anzuhalten und wochenlang keine Speisen zu sich zu nehmen, ohne daß sie Verfallserscheinungen zeigen würden. Diese und ähnliche erstaunliche Phänomene sind schon vor einigen Jahrzehnten von der Wissenschaft bestätigt worden, ohne daß allerdings genau ermittelt werden konnte, *wie* indische oder chinesische Yogis zu ihren übermenschlich erscheinenden Fähigkeiten kommen.

Auf der Stufe des »Diamantenen Körpers« gibt es keine konkreten Übungsanweisungen mehr. Die Intuition und das Gefühl für die energetischen Vorgänge in unserem Körper sind nun so weit gewachsen, daß wir »mit dem Tao fließen« – wir spüren in jedem Moment, was wir wollen; und was wir wollen, ist, was uns guttut. Unser Wille ist nicht mehr von unseren Bedürfnissen getrennt. Die Meditation ist nun keine *Übung* mehr, sondern ist uns so selbstverständlich, wie das Atmen (wenn wir den Erzählungen aus dem alten China glauben wollen, sogar selbstverständlicher). Unsere Bewegungen sind, unabhängig von unserem Alter, geschmeidig und fließend.

Allmählich steigt die Energie vom »Palast des Jadekaisers« ins *ni wan*, wo alle drei Energien verschmelzen, die »Eine Energie« den Körper durchdringt und in den unsterblichen Diamantenen Körper umwandelt.

Dieser Zustand wird jedoch nur nach jahrzehntelangem Üben und dem Einswerden mit dem Tao erreicht. Laut der Überlieferung steht jedoch jedem, der vor dem siebzigsten Lebensjahr mit der Umwandlung beginnt, der Weg zur Unsterblichkeit offen.

Unsterblichkeit und Ewigkeit

Natürlich wirft die Idee von der Unsterblichkeit einige interessante Fragen, sowohl praktische als auch philosophische, auf.

Eine Frage mag vielleicht lauten: Warum gibt es heute nicht eine Unzahl von Unsterblichen? Zumindest den Taoisten Chinas sind doch die alten Schriften, die den Weg zur Unsterblichkeit beschreiben, durchaus bekannt. Warum sind sie nicht alle, oder zumindest sehr viele, diesen Weg gegangen?

Wir haben schon einmal darauf hingewiesen, wie verschlüsselt die Sprache der Taoisten oft war. Sie vermieden es zu sagen: Tu dies und du wirst jenes erreichen. Statt dessen beschrieben sie alchemistische Prozesse, bei denen von Blei, Quecksilber und Zinnober die Rede war, von goldenen Pillen und alchemistischen Werkstätten. Verständlicherweise gerieten dadurch Uneingeweihte, die nicht nach Vollkommenheit, sondern lediglich nach der Macht, dem Ruhm und dem Geld strebten, das sie durch ein jahrhundertelanges Leben erlangen könnten, auf Irrwege. Sie versuchten von außen zu erreichen, was nur von innen her geschehen kann. Der Großteil der Menschen – und das gilt sicherlich erst recht für die heutige Zeit – scheute aber auch den Weg, der zunächst recht langwierig und mühsam scheint.

Und doch müßten viele Eingeweihte die wahre Bedeutung der taoistischen Alchemie der Unsterblichkeit gekannt haben und auch verstanden haben, daß es nicht mühsam ist, dem Tao zu folgen, sondern der einzige mühevolle Schritt darin besteht, das Bemühen aufzugeben.

In der chinesischen Geschichte des Taoismus ist in der Tat oft von Unsterblichen die Rede, von Menschen, die Hunderte von Jahren lebten, meist weitab von der Unruhe der Welt, mitunter aber auch mitten unter Menschen. Auch heute noch soll es in abgelegenen Regionen des Himalaja Unsterbliche geben. Es gibt Gegenden in China, in denen die taoistischen Traditionen fortleben und dort leben auch die meisten Hundertjährigen – von denen viele ihr genaues Geburtsdatum nicht kennen und von denen niemand weiß, wie alt sie wirklich sind.

Doch warum gibt es nicht eine ganze Reihe von Unsterblichen, die sechshundert, siebenhundert, tausend Jahre alt sind? Oder anders gefragt: Wie lange lebt ein Unsterblicher wirklich?

Irgendwann einmal, in etlichen Milliarden von Jahren, wird die Sonne zur Nova, die Erde wird verdampfen und alles dann noch Lebende mit ihr. Schließlich wird – zumindest nimmt das die moderne Physik an, auch das Universum nach vielen Billionen Jahren ein Ende nehmen. Unsterblich zu sein, kann also nicht heißen, unendlich lange zu leben. »Unsterblich« zu sein bedeutet, *beliebig* lange zu leben. Unsterblich zu sein heißt, nicht zu sterben, sondern irgendwann einmal freiwillig aufzuhören auf dieser Seinsebene zu existieren und in eine höhere Ebene überzuwechseln.

Doch warum sollte ein Unsterblicher nicht mehr in dieser Welt leben wollen? Warum sollte er nicht, wenn dies doch möglich ist, tausend oder zehntausend Jahre lang leben?

Wer diese Frage stellt, übersieht, daß die Unsterblichkeit ja letztendlich kein Ziel ist, das für sich genommen Sinn gibt. Und die Unsterblichkeit nur wegen der Angst vor dem Tod anzustreben, wird nicht nur keinen Erfolg haben, da die Angst der umfassenden Harmonie entgegensteht – sie ergibt auch keinen Sinn. Leben und Tod sind eins. Sobald wir »Leben« sagen, sprechen wir stillschweigend das Wort »Tod« aus. Oder, wie der große Weise Lao Tse im *Tao te King* schrieb:

Erst seit jeder die Schönheit des Schönen kennt, gibt es die Häßlichkeit.
Erst seit jeder das Gute des Guten kennt, gibt es das Böse.
Wahrlich: Das Sein und das Nichtsein bedingen einander.

Der Tod ist also eine direkte Folge des Lebens. Die Unsterblichkeit bedeutet jedoch, Leben und Tod in sich selbst eins werden zu lassen; selbst zu entscheiden, wann der Übergang auf eine andere Ebene erfolgt – vielleicht nach 120 Jahren, vielleicht erst nach 400 Jahren. Das lange Leben dient ja einem Sinn: der Suche nach seelischer Vollkommenheit, der Suche nach der »Erleuchtung«.

Diese seelische Vollkommenheit, die Erleuchtung war der Grund für das Streben nach der Unsterblichkeit. Mit dem Erreichen dieses höchsten Zieles ist der Sinn des Lebens erfüllt und die Unsterblichkeit wird unbedeutend – der Unsterbliche entscheidet sich bei voller Bewußtheit, nunmehr eins mit dem Tao, diese Seinsebene zu verlassen und auf eine neue Ebene überzugehen.

Der Unsterbliche stirbt. Doch dieses Sterben ist etwas anderes als der Tod eines Sterblichen, der sein Ziel noch nicht erreicht hat und unerfüllt seinen Weg in dieser Welt beendet.

Die taoistische Alchemie der Unsterblichkeit ermöglicht es tatsächlich, tausend Jahre zu leben (und es soll einige solcher Menschen gegeben haben) – doch diese Menschen waren nicht etwa die vollkommensten, sondern benötigten aus unterschiedlichen Gründen für das Erreichen ihres Zieles nur besonders lang. Sie sind nicht unbedingt die größten Vorbilder.

Für uns ist die Unsterblichkeit zunächst einmal die vollkommene Gesundheit, die Befreiung von körperlichen und seelischen Leiden. Dieses Ziel können wir erreichen, wenn wir die Möglichkeiten, die in diesem Buch beschrieben sind, nutzen. Wir können gesund und glücklich 120 Jahre alt werden und damit zufrieden sein; schließlich haben wir dann schon mehr erreicht, als die meisten unserer Mitmenschen. Das gelingt uns, wenn wir damit beginnen, die Stufe des Goldenen Körpers zu meistern.

Doch schließlich müssen wir uns die Frage stellen: Wozu leben wir? Diese Frage zu beantworten gibt uns das Erreichen der Unsterblichkeit ausreichend Zeit. Und dies ist der Sinn und das eigentliche Ziel der taoistischen Unsterblichkeit.

Vielleicht gewinnt heute der Weg der Unsterblichkeit einen neuen Sinn. Die Menschheit hat diesen Planeten bis in den letzten Winkel bevölkert und bereits große Teile davon zerstört. In wenigen Jahrzehnten wird sich die Menschheit verdoppelt haben und über zehn Milliarden Menschen werden um Nahrung, Luft und Platz kämpfen. Und die Menschheit wird sich natürlich weiterhin vermehren. Scheint da nicht der Wunsch nach Unsterblichkeit ziemlich fehl am Platze?

Entweder werden dann Katastrophen die Menschheit dezimieren oder auslöschen – oder die Menschheit folgt einer neuen Vision: Dem Aufbruch der Menschheit zu den Sternen. In der Unendlichkeit des Kosmos liegen mit größter Wahrscheinlichkeit Welten, auf denen der Mensch leben oder die er nach seinen Bedürfnissen formen könnte – vielleicht trifft er auch auf andere Intelligenzen und Lebensformen, die ihm auf seinem Weg behilflich sind. Aber vor allem gibt diese Vision vom Aufbruch ins All der Menschheit wieder eine Perspektive. Und die Wissenschaft arbeitet daran, diese Vision Wirklichkeit werden zu lassen. Wir haben unser Sonnensystem bereits mit Sonden erkundet, unseren Mond betreten, und bald werden wir Menschen unseren Nachbarplaneten, den Mars, besuchen. Doch der Aufbruch zu den Sternen scheint noch in weiter Ferne zu liegen. Zu groß sind die Entfernungen zwischen den Sternen und zu klein ist die menschliche Lebensdauer.

Doch mit einem Ziel vor Augen muß die menschliche Lebensspanne nicht so klein sein, wie es heute scheint. Vielleicht ist es in hundert Jahren schon soweit: Ein Sternenschiff mit einem neuen Columbus und einer Besatzung von Unsterblichen macht sich auf den Weg, um neue Ufer und neue Welten für die Menschheit zu entdecken.

Und so wird schließlich die Menschheit selbst unsterblich.

Übungsplan

1. Monat

Zeit	Übung	empfohlene Übungsdauer	Seite
1. Woche	Wahrnehmungsübungen: »Spüren der Drei Energien: Spüren von *ching,* Spüren von *shen,* Spüren von *ch'i*	zweimal 15 Minuten	 53 56 59 62
2. Woche	»Das *ch'i* nach unten leiten« »Der Kleine Kreislauf des *ch'i*«	zweimal 10 Minuten	81
	»Die Bewegungen der Fünf Tiere« Die Bewegungen des Tigers: »Der Tiger schleicht durch den Wald« »Der Tiger spannt sich zum Sprung« »Der Tiger schlägt mit den Pranken«	(zunächst nur eine Bewegung üben, dann zwei und danach erst alle drei)	100 104 105 107 108
3. Woche	»Der Kleine Kreilsauf des *ch'i*«	zweimal 20 Minuten	84
	Die Bewegungen des Tigers	zweimal 5 Minuten	104
	Die Bewegungen des Hirsches: »Der Hirsch schreitet durch das hohe Gras« »Der Hirsch stößt mit dem Geweih« »Der Hirsch hebt den Kopf«	(eine nach der anderen, dann alle drei zusammen) insgesamt mindestens zweimal 10 Minuten	110 110 112 113
4. Woche	»Der Kleine Kreislauf des *ch'i*«	zweimal 5 Minuten	84
	Die Bewegungen des Tigers Die Bewegungen des Hirsches	mindestens zweimal 10 Minuten	104 110
	Die Bewegungen des Bären: »Der Bär schreitet durch den Fluß« »Der Bär droht den Wölfen« »Der Bär umklammert einen Baum«	(eine nach der anderen, dann alle drei zusammen) insgesamt mindestens zweimal 10 Minuten	115 115 117 118

Zeit	Übung	empfohlene Übungsdauer	Seite
5. Woche	»Der Kleine Kreislauf des *ch'i*«	zweimal 5 Minuten	84
	Die Bewegungen des Tigers Die Bewegungen des Hirsches Die Bewegungen des Bären	mindestens zweimal 15 Minuten	104 110 115
	Die Bewegungen des Kranichs: »Der Kranich steht auf einem Bein« »Der Kranich fängt Fische« »Der Flug des Kranichs«	(eine nach der anderen, dann alle drei zusammen) insgesamt mindestens zweimal 10 Minuten	120 120 121 123
6. Woche	»Der Kleine Kreislauf des *ch'i*«	zweimal 5 Minuten	84
	Die Bewegungen des Tigers Die Bewegungen des Hirsches Die Bewegungen des Bären Die Bewegungen des Kranichs	mindestens zweimal 15 Minuten	104 110 115 120
	Die Bewegungen des Affen: »Der Affe steigt auf den Baum« »Der Affe blickt aufmerksam um sich« »Der Affe streicht sein Fell«	(eine nach der anderen, dann alle drei zusammen) insgesamt mindesten zweimal 10 Minuten	124 124 126 127
7.–8. Woche	»Der Kleine Kreislauf des *ch'i*«	nur kurz zur Vorbereitung auf die folgende Übung	84
	»Das *ch'i* im *ch'ung mo* steigen lassen«	zweimal 10 Minuten	87
	»Die Bewegungen der Fünf Tiere«: Tiger – Hirsch – Bär – Kranich – Affe	zweimal 20 Minuten	100
9.–10. Woche	»Der Kleine Kreislauf des *ch'i*«	nur kurz zur Vorbereitung auf die folgende Übung	84
	»Das *ch'i* im *ch'ung mo* steigen lassen« zweimal 10 Minuten		87
	»Die Bewegungen der Fünf Tiere«: Tiger – Hirsch – Bär – Kranich – Affe	zweimal 15 Minuten	100
	Meditation (1. Stufe)	mindestens zweimal 10 Minuten	138

Zeit	Übung	empfohlene Übungsdauer	Seite
11.–12. Woche	»Der Kleine Kreislauf des *ch'i*« »Das *ch'i* im *ch'ung mo* steigen lassen«	zweimal 10 Minuten	84 87
	»Die Bewegungen der Fünf Tiere«: Tiger – Hirsch – Bär – Kranich – Affe	zweimal 10 Minuten	100
	Meditation (1. Stufe)	mindestens zweimal 15 Minuten	138
13.–16. Woche	»Der Kleine Kreislauf des *ch'i*« »Das *ch'i* im *ch'ung mo* steigen lassen«	nur kurz zur Vorbereitung auf die folgende Übung	84 87
	»Das Geheime am Grunde des Tales mit *ch'i* nähren« (die Atemhaltephase dauert anfangs vier bis acht Herzschläge)	mindestens zweimal 10 Minuten	92
	»Die Bewegungen der Fünf Tiere«: Tiger – Hirsch – Bär – Kranich – Affe	zweimal 15 Minuten	100
	Meditation (1. Stufe)	mindestens zweimal 15 Minuten	138

Hiermit sind alle Übungen, die für die Stufe des »Eisernen Körpers« von Bedeutung sind, eingeübt worden. Ob aber tatsächlich schon die Stufe des »Eisernen Körpers« erreicht worden ist, hängt von individuellen Faktoren, vor allem aber von der täglichen Übungsdauer und der Intensität der seelischen Beteiligung an den Übungen ab. Bevor wir auf unserem Übungsweg fortschreiten, sollten wir uns mit den bisherigen Übungen sicher fühlen – ein Monat, in dem wir die Übungen vertiefen und vertrauter mit der Meditation werden, schadet mit Sicherheit nicht.

1. – 3. Jahr

Zeit	Übung	empfohlene Übungsdauer	Seite
1. Jahr	»Das Geheime am Grunde des Tales mit *ch'i* nähren« (die Atemhaltephase wird auf acht bis sechzehn Herzschläge verlängert)	mindestens zweimal 10 Minuten	92
	»Die Bewegungen der Fünf Tiere«: Tiger – Hirsch – Bär – Kranich – Affe	mindestens zweimal 15 Minuten	100
	Meditation (1. Stufe)	mindestens zweimal 20 Minuten	138
2. Jahr	»Das Geheime am Grunde des Tales mit *ch'i* nähren« (der Atem wird mindestens sechzehn Herzschläge gehalten) »Das Zweite Geheimnis mit *ch'i* nähren«	(mindestens sechzehn Herzschläge Atem halten)	92 94
	»Die Bewegungen der Fünf Tiere«: Tiger – Hirsch – Bär – Kranich – Affe	mindestens zweimal 10 Minuten	100
	Meditation (2. Stufe)	mindestens zweimal 20 Minuten	138
3. Jahr	»Das Geheime am Grunde des Tales mit *ch'i* nähren« »Das Zweite Geheimnis mit *ch'i* nähren« »Den Führer der Drei Grundlagen mit *ch'i* nähren«	mindestens zweimal 15 Minuten	92 94 97
	»Die Bewegungen der Fünf Tiere«: Tiger – Hirsch – Bär – Kranich – Affe	mindestens zweimal 10 Minuten	100
	Meditation (3. Stufe)	mindestens zweimal 20 Minuten	139

Nach dieser Zeit haben tiefgreifende Veränderungen stattgefunden: Theoretisch ist es möglich, daß wir nun bereits die Stufe des »Goldenen Körpers« gemeistert haben – zumindest kennen wir nun sämtliche Übungen. Wir haben den »Goldenen Körper« erreicht, wenn wir in der Meditation spüren, wie die Energie spontan vom »Palast des Jadekaisers« aus höher in die »Edle Werkstatt der Geheimen Alchemie« aufsteigt.

Damit beginnt der Aufbau des »Diamantenen Körpers«. Selbstverständlich wiederholen wir weiterhin die Übungen, die uns schon so weit gebracht haben. Es wäre jedoch abwegig, auf dieser Stufe Übungszeiten und die Reihenfolge der Übungen vorzugeben. Bereits in den letzten beiden Jahren der Stufe des »Goldenen Körpers« wird der Übende vielleicht schon intuitiv ein wenig von dem von uns vorgeschlagenen Programm abweichen. Der Intuition und der Kreativität sollten spätestens jetzt keinerlei künstliche Schranken mehr auferlegt werden.

Das Tao durchdringt unseren Alltag und die Übung wird kein von unserem Leben getrennter Teil mehr sein. Wir befinden uns nun auf dem Weg, der uns zur Unsterblichkeit führen wird.

Glossar

Schreibweise in diesem Buch	Andere Schreibweisen	Bedeutung
Ch'i	Qi	Lebensenergie
Qi Gong	Ch'i Kung	Methode der Energielenkung, »chinesische Atemgymnastik«
Ch'ung mo	Dschungmai	Zentralgefäß
Ching	Jing	Geistige Energie, Essenz, sexuelle Energie, Vitalität
Chuang Tse	Dschuang-dse, Dschunag-Tzu	ein bedeutender taoistischer Meister
Jen mo	Renmai	Dienergefäß
LaoTse	Laozi, Lao Tzu, Lau-dse	wörtlich »Der alte Meister«; legendärer Verfasser des Tao te King
Ni wan		Das höchste Energiezentrum, in dem die Vereinigung der Energien stattfindet
Shen	Schen	Essenz, sexuelle Energie, Vitalität, Geistige Energie
T'ai Chi Ch'uan	Taijiquan	»Schattenboxen«, eine Form der Kampfkunst und Bewegungsmeditation
Tan T'ien	Dantien	Zinnoberfeld, Elixierfeld, »Himmelsmitte«
Tao	Dao	eigentlich nicht zu übersetzen; wird meist mit »Weg« wiedergegeben
Tao te King	Daodejing Dao de Ging	»Das Buch von der Kraft des Tao« von Lao Tse
Tu mo	Dumai	Lenkergefäß
Wu wei	Wuwei	Bedachtes Handeln, »Ohne-Tun«, aktives Nicht-Handeln

Literatur

Bach, Richard: *Illusionen.* Ullstein, Berlin 1978

de Beauvoir, Simone: *Das Alter.* Rowohlt, 1972

Baumann, Zygmunt: *Tod, Unsterblichkeit und andere Lebensstrategien.* Fischer, Frankfurt 1994

Blofeld, John: *Der Taoismus oder die Suche nach der Unsterblichkeit.* Diederichs, München 1995

Buddha: *Die vier edlen Wahrheiten.* dtv, München 1992

Chang, Chung-yüan: *Tao, Zen und schöpferische Kraft.* Diederichs, München 1996

Chang, Jolan: *Das Tao der Liebe.* Rowohlt, 1978

Chopra, Deepak: *Die unednliche Kraft in uns.* Heyne, München 1997

Dürkheim, Karlfried: *Der Alltag als Übung.* Hans Huber, Bern 1987

Epikur: *Philosophie der Freude.* Insel, Frankfurt 1996

Hofstatter, Douglas / Dennett, Daniel: *Einsicht ins Ich.* Klett-Kotta, Stuttgart 1986

Lao tse: *Tao te King.* Diederichs, München 1992

Lin Yutang: *Glück des Verstehens.* Klett, Stuttgart 1966

Needham, John: *Science and Civilisation in China.* Cambridge University Press, Cambridge 1954

Smullyan, Raymond: *Das Tao ist Stille.* W. Krüger, Frankfurt, 1994

Schwarz, Aljoscha und Schweppe Ronald: *Vom Inneren Wohlstand.* Herbig, München 1997

Schwarz, Aljoscha und Schweppe Ronald: *Qi Gong easy.* Humboldt, München 1994

Schwarz, Aljoscha und Schweppe Ronald: *Tai Chi easy.* Humboldt, München 1994

Schwarz, Aljoscha und Schweppe Ronald: *Von der Heilkraft der Schokolade.* Peter Erd, München 1997

Tipler, Frederik: *Die Physik der Unsterblichkeit.* Piper, München 1995

Tschuang-Tse: *Was du Tao nennst, wo ist es zu finden?* Insel, Frankfurt 1996

Watts, Alan: *Weisheit des ungesicherten Lebens.* O. W. Barth, München 1990

Watts, Alan: *Der lauf des Wassers.* Suhrkamp, Frankfurt 1996